50歳からの Hawaii(ハワイ) ひとり時間

永田さち子

ハワイひとり時間は、最高に幸せな時間

　ある程度の年齢になると他人に合わせることが煩わしく、誰にも邪魔されずひとりで過ごしたいことがありますよね。そんな時、ハワイはぴったり。女性がひとりで海外を旅する時、ハワイほど楽しくてラクなところはありません。治安はいいし、日本語もそこそこ通じる。カフェやプレートランチ、デリに事欠かないから食事にも困らない。オアフ島に限れば公共交通機関のザ・バスや、主要観光地を巡るトロリーの路線も充実しています。

　この本は2年前に作った『おひとりハワイの遊び方』(実業之日本社)のお姉さん版です。ハワイ本には20～30代の女性をターゲットにしたものが多いのですが、実際にはもっと上の年代の女性が多く訪れている印象です。私自身の体験から、そういう女性向けの情報がもっとあったらいいなと思い、アラフィフより上の女性が楽しめそうなこと、知っておくと便利だなと思うことを書いてみました。

　せっかく訪れたのだから、やってみたいこと、行ってみたい場所はたくさんあります。でも、ただ風に吹かれ、呼吸をするだけで幸せな気分になれるのがハワイ。朝夕、のんびり海を眺めたり、気が向くままにビーチや公園を散歩をしたり、な〜んにもしない時間もぜひ作ってください。きっと最高に幸せなひとり時間になると思います。

2019年10月　永田さち子

Contents

【見る・体験する】

水着なしでもこんなに楽しい！
知的好奇心を満たすミュージアム巡りへ …… 6

無料体験からステップアップまで
ハワイアンカルチャーに触れてみる …… 12

ワイキキには無料で楽しめる
エンターテインメントがあふれている！…… 16

パワーもご利益も独り占め。ラクにアクセスできる
スピリチュアルスポット巡りはいかが？ ……………… 20

かわいい生きものに出会いたい！
そんな目的で旅してもいいんじゃない？ …… 24

憧れのキャンパスライフをプチ体験。
ハワイ大学に潜入してみる …………… 28

料理学校、アロマ資格、英会話などなど、
ハワイで学んでみたいこと ………… 30

朝寝坊はもったいない！
虹を探して早朝散歩＆ゆるランのすすめ …… 36

せっかくのハワイ。水着に着替えて波と戯れる …… 40

スパタイムは大人だからこその
贅沢ひとり時間 …… 44

もの作りの現場をとことん楽しむ
ハワイの工場見学へ！ …………… 48

【泊まる】

ひとり時間が心地いい。今、泊まるなら
リノベーションしたばかりのこのホテル …… 52

デザイナーズ＆ブティックホテルで
おしゃれな大人女子の気分を味わってみる …… 56

定宿にしたくなる、ロケーション抜群なのに
リーズナブルな穴場ホテル４軒 ……………… 60

ワイキキのまん中のノスタルジックホテルで
古き良きハワイへタイムスリップ …………… 64

ひとりだからこそラグジュアリーホテルの
贅沢さを満喫する ……………………………… 66

【お役立ち】

レンタカーなしでもオアフ島は自由自在。
ひとり時間の移動手段 ………………… 68

【町歩き】

美味しいもの、かわいいものが見つかる！
今が旬のモンサラット通りへ ………………… 72

ちょっとディープなローカル気分を味わう
カパフル通りで食べたいもの ………………… 76

カイムキでは暮らす気分で
カフェやレストランをホッピング ……………… 80

いつ訪れても新しい！　ハワイの情報発信地
ワードビレッジ＆カカアコ …… 84

通りが変われば景色も変わる。
万華鏡のようなダウンタウン …… 90

小さな町へワンデートリップ。
サーファーが集うノースショアのハレイワへ …… 94

おしゃれなビーチタウン、カイルアで素敵なもの探し …… 100

【食べる】

リゾートの朝は贅沢朝ご飯＆ブランチを充実させる …… 104

お酒を飲んでも飲まなくても、
お得に楽しめるハッピーアワー …… 110

ひとりディナーは淋しくない！
レストラン＆メニュー選びのポイント…… 112

ホノルルで気軽にひとり飲みを楽しめる
スポットを探す…………………………… 118

【買う】

時間を忘れて夢中になる
スーパーマーケットの誘惑…… 122

ハワイで買うからこそ価値あるものを手に入れる…… 126

今の自分にぴったりの水着はどこにある？…… 132

アンティークに手作りアイテム。
大人かわいい雑貨を探す……… 134

生産者との触れ合いが楽しい。
メイドインハワイが見つかるファーマーズマーケット…… 138

【お役立ち】

こんな時、どうする？
安心、安全のために知っておきたいこと…… 142

片道7時間半のフライトを楽しむために
エアラインと座席選びのポイント………… 146

一年中、混雑するハワイのベストシーズンはいつ？
旅費の割安感や目的によって選ぶ………………… 148

MAP オアフ島（ハレイワ・カイルア）／
ホノルル（ダウンタウン）／ワイキキ……150

INDEX……156

本書で紹介している住所、電話番号、定休日、ウェブサイト、金額など、すべてのデータ及び記載内容は、2019 年10月確認時のものです。その後、変更になることがありますのでご了承ください。また定休日以外に祝・祭日の休業、営業時間の変更なども含め、重要な事項は確認してから訪れるようにしてください。

水着なしでも
こんなに楽しい！
知的好奇心を満たす
ミュージアム巡りへ

ハワイへの旅支度をする時、「水着、どこにしまってあったかな。まだ着れるかしら……」なんて思うことはないですか。ハワイは水着がなくても十分楽しく過ごせるところ。むしろ水着に着替える暇はないくらいひとり時間の過ごし方があります。

　ぜひともおすすめしたいのがミュージアム巡り。リゾートのハワイでミュージアム巡りは意外に思われるかもしれませんが、ホノルルは各国のアート作品が揃う美術館・博物館の宝庫。半日あれば十分鑑賞できる規模のところが多く、広すぎてくたくたになる心配はなし。涼しくて気持ちいいうえ、人気レストランが手掛けるミュージアムカフェを備えているところもあります。ランチタイムを兼ねて出掛けてみてください。

🌸 世界中の名作がギュッと詰まった『ホノルル美術館』

　まず訪れたいのが、ハワイ初の美術館として1922年に設立された『**ホノルル美術館**』です。アメリカ、ヨーロッパはもとよりアジア、イスラムなどの美術品を所蔵し、世界の美術史がギュギュッと凝縮されているようなところです。なかでも印象派+ポスト印象派の展示室は見応えたっぷり。モネの「睡蓮」をはじめ、ピカソ、ゴッホ、ゴーギャンといった印象派オールスターの作品が勢揃いし、この展示室に限って日本語の解説が添えられているというのもうれしいところ。

　館内をゆっくり回っても1.5〜2時間あれば十分。鑑賞後は回廊に囲まれた中庭でリラックスタイムを。白とブルーのイスラムタイルや、凝ったアイアンワークの装飾、日本の瓦屋根に

も似た勾配屋根など、ハワイ州の歴史的建造物に指定された建物も、じっくり観賞してみてください。

一生に一度は見る価値あり！ 圧巻のイスラム美術遺産

　ハワイへ行くことが決まったら、WEBから予約を入れて訪れたいのが『シャングリ・ラ』。ここには当日ふらりと訪れても入ることはできません。ホノルル美術館からガイド付きのバスツアーが出ていて、このツアーが1カ月以上先までいっぱいということも珍しくない人気のスポットなのです。

　かつて「ドリス・デューク邸」の名で呼ばれていた建物は、アメリカの大富豪、ドリス・デュークが自らの邸宅として建てたもの。タバコ王の娘として生まれ、わずか12歳で父の莫大な遺産を相続したドリスは、世界一周の新婚旅行で訪れたハワイを気に入り、カハラに近いビーチに広大な土地を購入。同じ旅行中に立ち寄ったイスラム諸国の建築様式と美術を取り入れ、邸宅建設に着手しました。完成までに要した期間は約60年。インドの職人にイスラムタイルを発注したり、シリアの建造物を移築したり、さらにはメトロポリタン美術館とオークションで競り合って入札した美術品、彼女自身が身に着けてた宝飾品

ホノルル美術館
The Honolulu Museum of Art

MAP: P152 ／ホノルル
900 S. Beretania St., Honolulu
TEL 808-532-8700
10:00 ～ 16:30、最終金曜18:00 ～ 21:00
（Art after Dark）　月曜休
入館料20ドル（第3日曜は無料）、
Art after Darkは30ドル（7 ～ 10月）
www.honolulumuseum.org

シャングリ・ラ
Shangri La Museum of Islamic Art, Culture & Design

※ホノルル美術館からツアーで訪問
TEL 808-532-3853（予約受付）
水～土曜9:00、10:30、12:00、13:30
から所要約2時間（日本語ツアーは水～金曜の12:00 ～）　入館料25ドル
honolulumuseum.org/4803-tours_shangri_la

など、その豪華さに、ただただため息の連続です。

　これだけ聞くと大金持ちのお嬢様の道楽ともとられかねません。でも彼女のすごいところは晩年、生涯をかけて造り上げたこの邸宅を美術館として後世に伝えるために力を尽くしたこと。イスラムの地では内戦により焼失してしまい、世界中でここにしか残っていない美術品もあり、遠く離れた太平洋の小島で、イスラム美術の真骨頂を鑑賞できる奇跡的な場所です。

緑に囲まれた丘の上のギャラリー

　ホノルル美術館の別館『スポルディング・ハウス』があるのは、夜景スポットとして有名なタンタラスの丘に近い高台。敷地全体が展示スペースになっていて、室内には主に舞台芸術作品を、屋外にはハワイの造形アーティストの作品を紹介しています。鬱蒼とした緑に囲まれ、木々の間からはダイヤモンドヘッドの全景とワイキキのビル群を見下ろす景色も爽快。カフェの利用だけなら入館料は必要なく、心地よい風が吹き抜けるテラス席でランチを楽しむためだけにでも訪れる価値はあります。ザ・バスの本数が少なくアクセスが少々不便ですが、タクシーやウーバーを利用して出掛けてみてはいかがでしょうか。

ホノルル美術館
スポルディング・ハウス
The Honolulu Museum of Art
Spalding House

MAP：P152／ホノルル
2411 Makiki Heights Dr., Honolulu
TEL 808-526-1322
10:00 〜 16:00　月曜休
入館料20ドル（第3日曜は無料）
honolulumuseum.org/11981-spalding_
house

ハワイ州立美術館
Hawaii State Art Museum（HiSAM）

MAP：P152／ダウンタウン
250 S. Hotel St., Honolulu
TEL 808-586-0300
10:00 〜 16:00、第1金曜は18:00 〜
21:00　日曜休
入館無料
hisam.hawaii.gov

ダウンタウンの癒し空間『ハイサム』

　ダウンタウンで私のお気に入りの場所のひとつが『HiSAM（ハイサム）』と呼ばれている『**ハワイ州立美術館**』。緑の芝生に彩られたアプローチと白い建物のコントラストがとても美しく、敷地全体の雰囲気がとても素敵なのです。しかも入館料は無料。中庭のプールに不思議な仕掛けがあるのですが、実際に訪れる人のために種明かしはしないでおきましょう。その中庭に面したミュージアムカフェを手掛けているのが、人気店『MWレストラン』。カフェメニューとともに、本店でも人気のスイーツをリーズナブルに味わえます。

ハワイの歴史をもっと知りたくなる３つのミュージアム

　ハワイの歴史を象徴する人物といえば、ハワイ統一を果たしたカメハメハ大王、ワイキキのメインストリートに名前が残るカラカウア王、そして有名なハワイ民謡「アロハ・オエ」の作者でもあるリリウオカラニ女王……。彼らについてのエピソードを知り始めるとどんどん興味が湧いてきて、ハワイの成り立ちそのものまで遡りたくなる人もいるに違いありません。

　古代から王朝時代までの歴史がわかるのが『**ビショップミュージアム**』です。3階分もの高さの吹き抜けがあるハワイアンホール各階の回廊には、ハワイ諸島が発見されてから19世紀のハワイ王朝繁栄までを紹介する資料が展示されています。

　続いて王朝時代のドラマチックな物語を知りたくなったら、

『イオラニ宮殿』へ。1882年、カラカウア王の住まいとして建てられ、王朝制度がない現在のアメリカで唯一「宮殿」の名称をもつ建物です。コアウッドの大階段が天井まで延びるメインホールは、かつての王朝の勢力を象徴しているかのよう。ボルドーレッドのカーテンや絨毯から「赤の間」と呼ばれていた玉座の間では、夜ごと舞踏会が催されたそうです。この宮殿を建てたカラカウア王は、「メリーモナーク（陽気な王様）」のニックネームで人々から慕われていました。とても新しいもの好きで、ホワイトハウスに先駆けて電気や電話を引いたとのエピソードも残ります。しかし、宮殿完成からわずか11年後の1893年、王の妹で後継者だったリリウオカラニ女王の時代になると、クーデターにより王国は消滅。女王が幽閉されていた質素な部屋がそのまま残されているのも印象的です。

イオラニ宮殿とHiSAMは道路を挟んで斜め向かい側。19世紀の初めにキリスト教布教活動のためにやってきた宣教師たちの住まいを保存している『ハワイアン・ミッションハウス』もすぐ近くにあります。この3カ所を巡れば、約1600年前、カヌーでやってきたポリネシア人から始まるハワイアンのルーツからハワイ王朝までの歴史を紐解く旅になります。

ビショップミュージアム
Bishop Museum

MAP: P151 ／オアフ島
1525 Bernice St., Honolulu
TEL 808-847-8291
9:00 〜 17:00　無休
入館料24.95ドル
www.bishopmuseum.org

イオラニ宮殿
Iolani Palace

MAP: P152 ／ダウンタウン
364 S. King St., Honolulu
TEL 808-522-0822
9:00 〜 16:00　日曜休
入館料：オーディオツアー 20ドル、
ガイドツアー 27ドル
www.iolanipalace.org

無料体験から
ステップアップまで
ハワイアンカルチャーに
触れてみる

有料のオプショナルツアーに申し込まなくても、ワイキキには夕ダで遊べるスポットがたくさんあります。フラ、ウクレレ、レイ作りなど一度は体験してみたいハワイアンカルチャーは、まず気軽に参加できる無料レッスンから試してみましょう。

フラとウクレレレッスンは、テッパンの体験メニュー

　最も手軽で人気があるのが、『ロイヤル・ハワイアン・センター』のフラレッスン。フラの場合、予約は必要なく通りすがりに飛び入り参加もOKです。雨、虹、花、愛など、自然や心を表す手の動きと基本的なステップを習った後、最後に1曲通して踊ります。一見、優雅に見えるフラですが、実際には中間姿勢が多いこともあり、想像以上の運動量に驚くはず。約1時間のレッスンはちょうどいいエクササイズにもなるでしょう。

　冷房が効いた涼しい室内で行われるのが、ウクレレレッスン。楽器の貸し出しがあるので手ぶらで大丈夫ですが、先着順なので開催スケジュールを確認して早めに出かけましょう。他にもレイメイキング、ラウハラ編みなど多彩な内容。これが全部無料で体験できるのだから、ロイヤル・ハワイアン・センターさん、ずいぶんと太っ腹。これに参加しない理由はありません。

ロイヤル・ハワイアン・センター
Royal Hawaiian Center

MAP: P.155 ／ワイキキ
2201 Kalakaua Ave., Honolulu
TEL 808-922-2299
フラ：月・火・金曜10:00 〜 11:00、
水曜16:00 〜 17:00
ウクレレ：火・木・金曜12:00 〜 13:00他
jp.royalhawaiiancenter.com/Cultural-
Programming

ワイキキ・コミュニティ・センター
Waikiki Community Center

MAP: P.155 ／ワイキキ
310 Paoakalani Ave., Honolulu
TEL 808-923-1802
初級レッスン:月曜9:00 〜 10:30、
中級レッスン:水曜9:30 〜 10:30
参加費11ドル
www.waikikicommunitycenter.org

マイスカート持参でフラガール気分を味わう

「初心者向けのフラじゃ物足りないわ」という人は、地元の人や長期滞在者向けに各種講座が開かれている『**ワイキキ・コミュニティ・センター**』の有料レッスンはいかが。有料とはいっても1回10ドルちょっとで予約は不要。初級・中級・上級の3種類があり、初級と中級はその場で先生にレッスン料を払えば誰でも参加できます。常連さんと思しき参加者も多く、初めてだと緊張するかもしれませんが、和気あいあいとした雰囲気なのですぐに馴染めますよ。パウスカートというフラ用のスカートを持参すれば、いっそう気分が盛り上がります。

ちくちくと針を動かすハワイアンキルトに時間を忘れる

フラやウクレレに比べ、ハワイアンキルトは少しハードルが高く感じるかもしれません。初めてキルトに触れる人でも1日のレッスンで小さなフレームを完成できるのが、アン藤原さんの『**アンズ・ハワイアンキルト・スタジオ**』です。アンさんは日本人でありながら、伝統的なハワイアンキルトの数少ない伝承者。ハワイの歴史、文化、さらには土地や自然まですべての要素を学び、その思いを伝えるため作品作りの合間にスタジオレッスンやワークショップを開催しています。年に何回か日本で開催するワークショップもとても人気が高く、キルトファンの間ではお名前を知られた存在です。

キルト好きの女性たちが週1回集まって、ハワイ版お茶会の

ような雰囲気でちくちくとやっているのが、ホノルル郊外にある『**クイーン・エマ・サマーパレス**』のワークショップ。ハワイを代表するキルター、ガシー・ランキン・ベントさんが主催しているもので、ご高齢のガシーさんが来られない日はお弟子さんが担当しています。手取り足取りのレッスンではなく、製作途中のキルトを各自持ち寄って自由に作るというスタイル。何年か定期的に通い大作を完成させたという日本人女性もいました。参加費は必要なく、自由集合自由解散。おやつや飲み物の持ち込みもOK。自分のキルトがない人は、その場でキルトセットを購入できます。ガシーさんを慕って毎回集まってくる人は30人以上。私自身は"超"が付くほど手先が不器用なこともあり体験したことはありませんが、無心になってちくちくと針を動かす楽しさが見ていると伝わってきました。

　ここは、カメハメハ大王の孫にあたるカメハメハ4世の妻、エマ王妃が別荘として過ごしたところ。1800年代の中頃に建てられ、当時の家具や装飾品が残っています。アンティークのキルトも公開され、その緻密なステッチに目を奪われるはず。せっかくならワークショップが開催されている時に訪れ、宮殿内ものぞいてみるといいですよ。

アンズ・ハワイアンキルト・スタジオ
Anne's Hawaiian Quilt Studio
※ワイキキ内で開催、詳細は電話かメールで問い合わせを。
TEL 808-922-3451
anne-hawaiianquilt.com
E-mail: info@anne-hawaiianquilt.com

クイーン・エマ・サマーパレス
Queen Emma Summer Palace
MAP: P.151 ／オアフ島
2913 Pali Hwy., Honolulu
TEL 808-595-3167
9:00 ～ 16:00（日曜10:00 ～ 15:00、キルトのワークショップは水曜9:00 ～ 12:00）　無休　入館料10ドル
daughtersofhawaii.org/2017/05/01/queen-emma-summer-palace

ワイキキには
無料で楽しめる
エンターテインメントが
あふれている！

ひとり旅はグループ旅行に比べ何かと割高。ケチケチはしたくないけれど、節約できるところは節約したいですよね。そういう時、ハワイ気分に浸れる無料のエンターテインメントはとても便利。ワイキキにいると、夕刻には必ずどこからかハワイアンソングが流れてきます。そんな音のする方向を目指して出掛けてみてください。

フラのステージでは、現代と古典の違いを楽しむ

　フラには古典フラの「フラ・カヒコ」と現代フラの「フラ・アウアナ」の2種類があることをご存知ですか。前者はイプ（ヒョウタン）、プニウ（竹）などの打楽器とチャント（詠唱）に合わせて踊り、後者はウクレレやギターなどの演奏をバックに歌うハワイアンミュージックに合わせて踊るもの。一般的には現代フラの方が馴染みがあるかもしれませんが、古典フラのリズムやビートの体の奥底に響く力強さ、朗々と歌い上げるチャントはとても印象的。ハワイの神や自然へ捧げるための賛歌から生まれたものがフラと聞けば、なるほどと思うでしょう。

　無料のフラショーでも、その違いを十分に楽しむことができます。ロイヤル・ハワイアン・センターの『ハワイアン・エンターテインメント・ショー』では、火～金曜が現代フラ、土曜は古典フラを披露。火・木・土曜の夕刻、デューク・カハナモク像横のステージで催される『クヒオビーチ・フラショー』も、曜日によって演目が異なります。サンセットに染まっていく空とビーチをバックに繰り広げられるステージは美しく幻想的。

17

開始30分くらい前からゴザや飲み物持参でやって来る人もいるほどの人気ぶりです。また、インターナショナル マーケット プレイスの『**オ・ナ・ラニ・サンセット・ストーリー フラショー**』は、ハワイとポリネシアの歴史をストーリー仕立てで紹介するもの。夕暮れが迫り、カラカウア通りに面した入り口にトーチが灯されるのがスタートの合図です。

❀ ワイキキ名物、金曜夜の花火はどこから観る？

ロコも楽しみにしている金曜夜のイベントが、『**ヒルトンの花火**』。鑑賞できるバーやレストランは、金曜の夜は当然のこと混雑しますが、予約不要、タダで鑑賞できるスポットがあるので紹介しましょう。

最も大迫力で楽しめるのが、打ち上げ場所に近い『ヒルトン・ハワイアン・ビレッジ』ラグーン周辺。あまりに近すぎて、砂浜に寝っ転がって見る人もいます。ワイキキからはザ・バスでヒルトンを目指してもいいですが、『ワイキキ・ショア』というホテルと公園の間の小径からビーチに出て、海沿いの遊歩道を歩けば近道。見え方は小さくなるけれど、カピオラニ公園海側の遊歩道沿いにある『ベアフット・ビーチ・カフェ』あたり

クヒオビーチ・フラショー
Kuhio Beach Hula Show

MAP: P.155 ／ワイキキ
Kuhio Beach Hula Mound, Kalakaua Ave.,
Honolulu
火・木・土曜18:30 ～ 19:30（11 ～ 1月は
18:00 ～ 19:00）
※荒天時は中止の場合あり。

**ハワイアン・
エンターテインメント・ショー**
Hawaiian Entertainment Show

MAP: P.155 ／ワイキキ
2201 Kalakaua Ave., Honolulu
（ロイヤル・ハワイアン・センターの
ロイヤルグローブ）
火～金曜18:00 ～ 19:00、
土曜18:00 ～ 18:30
jp.royalhawaiiancenter.com/events

からも見ることができます。アラモアナ・ビーチパークのマジック・アイランドから眺めるのもおすすめ。花火に照らされて浮かび上がるダイヤモンドヘッドのシルエットが美しく、ワイキキの夜景も楽しめます。ただ終了後はあっという間に人がいなくなりまっ暗になってしまうので、早めに撤収しましょう。

　花火を鑑賞できる機会はほかにもあり、毎年3月、ホノルルフェスティバルのグランドフィナーレを飾るのは、「長岡の花火」。7月4日の独立記念日の盛大な花火も有名です。

本当に観たいものには、しっかり投下する！

　ホノルルには名門ジャズクラブ『ブルーノート』があり、ブルーノ・マーズが出演したこともあります。ウクレレ・アーティストのジェイク・シマブクロと日本のミュージシャンのコラボや、イベントホールでは各国のアーティストのライブが催されることは少なくありません。ハワイ唯一のスケートリンクでは、メダリストが出演するアイスショーが開催されたことも。しかも日本よりチケットが入手しやすいこともあり、そのためにハワイを訪れる人がいるほど。そういう本当に観たいものを楽しむためにも無料エンタメ、ぜひとも活用してください。

オ・ナ・ラニ・サンセット・
ストーリー フラショー
O Na Lani Sunset Story Hula Show

MAP：P.155／ワイキキ
2330 Kalakaua Ave., Honolulu
（インターナショナル マーケット プレイス）
18:30 ～ 19:00（3 ～ 8月は19:00 ～ 19:30）
ja.shopinternationalmarketplace.com/
event/76654

ヒルトンの花火
Hilton Friday Night Fireworks

MAP：P.154／ワイキキ
2005 Kalia Rd., Honolulu（ヒルトン・ハワイアン・ビレッジ内）
金曜19:45 ～約5分間（6 ～ 8月は20:00 ～）

パワーもご利益も独り占め。
ラクにアクセスできる
スピリチュアルスポット
巡りはいかが？

島全体がスピリチュアルスポットといわれるハワイ。古代よりこの島には海、山、植物など、自然のすべてにマナ（生命力、神が持つ力）が宿ると信じられてきました。これは私たち日本人の信仰心にとても近いと思いませんか。ハワイを訪れたら癒しとともに、そのエネルギーももらって帰りたいものです。車がなければ不便なところが多いのですが、アクセスが便利でひとりで出掛けても安全なスポットをいくつかご紹介します。

ダイヤモンドヘッドでご来光を浴びる

　オアフ島のシンボルでもある『**ダイヤモンドヘッド**』。かつては身分の高い人しか立ち入ることができない、ハワイアンの聖地だったそうです。今では誰でも気軽にプチ登山を楽しめるのは、ご存知の通り。登るなら断然早朝。涼しいこともあるけれど、山頂で朝日を浴びると体中が浄化される気がします。ただし、ご来光を拝めるのは日の出時刻が6時半から7時前後になる冬の間だけ。つまり季節限定のお楽しみです。この時期は日の出前から登り始めることになるため、懐中電灯かヘッドライトが必要。ご来光を見に行くツアーもあります。

古代ハワイアンが心身を清めた「癒しの海」へ

　海に囲まれ、湧き水も豊富なハワイでは、人々が体を浸し心身の浄化をしたといわれている場所がいくつもあります。ワイキキでよく知られているのが、『ハレクラニ』（P.67）前のビーチの『**カヴェヘヴェヘ**』。ハワイ語で「除去」という意味があり、

病や痛みを取り去ってくれる場所と信じられていたのだとか。病人や怪我をした人がここで治癒を願ったのだそうです。

晴れた日に、青い海にひと筋の白い道ができているように見えるのは、地下から湧き出た水が沖に向かって流れ込んでいる場所。真水の通り道だけサンゴ礁や海藻が抜けています。浸かってみると周囲より水温が低いのがわかり、古代ハワイアンはひんやりしたこの場所に癒しを求めたのかもしれません。

4人の神が宿る「魔法の石」

ワイキキビーチを背に立つデューク・カハナモク像と『ワイキキビーチ交番』(P.144) の間に、鉄柵に囲まれた一段高い場所に鎮座しているのが、不思議な霊力が宿るといわれる『**ワイキキ魔法の石**』。その昔、タヒチから4人の神官がカヌーでやって来て、祈祷により人々の病を治したという伝説から生まれたものです。彼らは次の島へと渡らなければならなかったため、大きな石を4個持ってきて自分たちの霊力を注ぎ込み残していったのだとか。神官たちが立ち去った後、人々はこの石を信仰の対象として大切に扱ってきたのだそうです。鉄柵で仕切られているのは、いたずらをする不届きな輩が出没したから。現在、

ダイヤモンドヘッド
Diamond Head

MAP: P.153 ／ホノルル
4182-4190 Diamond Head Rd., Honolulu
6:00 〜 18:00 （ゲート開門時間）
※入山は16:30まで。
dlnr.hawaii.gov/dsp/parks/oahu/
diamond-head-state-monument

カヴェヘヴェヘ
Kawehewehe

MAP: P.155 ／ワイキキ
ハレクラニ前のビーチ

直接触れることは叶いませんが、それでもレイをかけて祈りを捧げる人が後を絶ちません。

日本の神様に参拝し、御朱印をいただく

　日系人が多く暮らすハワイには日本の神社の分院がいくつかあります。島根県出身の私が時々こっそり訪れているのが、ダウンタウンにある『ハワイ出雲大社』。朝8時から本殿で執り行われる祈祷に地元の信者さんに混じって参列した後、お守りや御朱印を授与していただくと、とってもありがたい気分になります。お守りのデザインが可愛く、御朱印の方は墨文字の「Aloha」がのびのびと踊るおおらかなもの。お土産にいくつもほしくなるけれど、御朱印はひとり1枚だけ。

　「なぜなら、御朱印とは本来、参拝した方だけに授与されるものなのだからですよ」と、神職の天野大也さんが教えてくださいました。自ら足を運び授与される御朱印だからこそ、ご利益にあやかれるというもの。1枚1枚手書きしているため混雑時は30分くらいかかることもありますが、境内に流れる清々しい空気を吸いながら待つのも、ひとり時間ならではの心癒されるひとときです。

ワイキキ魔法の石
（ウイザード・ストーン）
Wizard Stones of Kapaemahu

MAP: P.155 ／ワイキキ
Waikiki Beach, Kalakaua Ave., Honolulu

ハワイ出雲大社
（出雲大社ハワイ分院）
Izumo Taishakyo Mission of Hawaii

MAP: P.152 ／ダウンタウン
215 N. Kukui St., Honolulu
TEL 808-538-7778
8:30 ～ 16:45（社務所受付時間）
無休

かわいい生きものに
出会いたい！
そんな目的で
旅してもいいんじゃない？

ハワイで出会える生きものといえば、ウミガメ、ハワイアン・モンクシール、イルカやクジラなど。ハワイ語で「ホヌ」と呼ばれるウミガメは幸福を運んでくるラッキーシンボルとして大切にされ、ハワイアンキルトやハワイアンジュエリーのモチーフに使われます。ハワイアン・モンクシールとはハワイ固有のアザラシのこと。絶滅危惧種に指定されている希少な動物です。どちらも『ワイキキ水族館』で飼育されていますが、野生の彼らと遭遇できる意外な穴場がワイキキビーチ周辺。カパフル突堤東側の砂浜にやって来ることがあるのです。人気が少ない早朝のことが多く、もし見掛けたらとてもラッキーです。

イルカと泳いでウミガメと出会えるボートツアー

　そんなかわいい動物に出会い、さらに一緒に泳げるツアーがあります。野生のイルカやウミガメの生息ポイントでシュノーケルを楽しむのが『名門イルカ大学』というツアー。私が参加した時には、身体の下を並走するように数頭のイルカが現れました。水音に混じって「キュウ〜」という鳴き声が聞こえてきて、まさに海中のヒーリング音楽！　船上からの見学だけでもよく、その場合はツアー料金が少し安くなります。

名門イルカ大学
Meimon Iruka Daigaku

MAP: P.150 ／オアフ島
Waianae Boat Harbor, Waianae
（ワイアナエ・ハーバー）
TEL 808-636-8440
03-4578-0539（日本の問い合わせ）
1日2便（所要約7時間）、155ドル
※ワイキキからの送迎あり。
www.iruka.com

潮の満ち引きによって現れるサンドバーに出掛けていくのが、
『**キャプテンブルース　天国の海®ツアー**』。オアフ島の東海岸、
カネオヘ湾の沖合に突如、現れる「アフオラカ」と呼ばれる砂
洲は、エメラルドグリーンの海に白く浮かんで見える様子が神
秘的で美しいことから、「天国の海」とも呼ばれています。ツ
アーでは近くまでボートで行き砂洲の上を歩いたり、サンゴ礁
でスノーケリングを楽しみます。時々、ウミガメが浅瀬にやっ
て来ることがあり、気づかずに泳いでいて顔と顔がぶつかりそ
うになったことがありました。ちょうど肉親を亡くした直後で、
「別れのあいさつに来てくれたのかな」と今でも鮮明に覚えて
います。このツアーは乗船時間が片道わずか10数分。船酔い
の心配がほとんどないのも参加しやすい理由です。

　「ボートツアーのひとり参加は淋しいのでは……」と思われる
かもしれませんが、スタッフはお客さんを楽しませるプロ集団
だから心配ありません。どちらも人気のツアーなので、早めの
予約をおすすめします。

クジラの親子に会いに行くホエールウォッチング

　12〜3月の冬の間だけ楽しめるのがホエールウォッチング。

**キャプテンブルース
天国の海®ツアー**
Captain Bruce Tengokunoumi®Tour

MAP: P.151 ／オアフ島
46-499 Kamehameha Hwy., Kaneohe
（ヘエイア・ケア・ボート・ハーバー）
TEL 808-922-2343
モーニングツアー（所要約6時間）
140ドル他
※ワイキキからの送迎あり。日曜休
tengokunoumi.com

スターオブホノルル
Star of Honolulu

MAP: P.152 ／ホノルル
1 Aloha Tower Dr., Pier8, Honolulu
（アロハタワー ピア8）
TEL 808-983-7789（日本語）
アーリーバードホエールウォッチ：8:45
〜10:45、42ドル他
※ワイキキ往復送迎は＋15ドル
www.starofhonolulu.com/jp

陸から見えることもありますが、クルーズに参加すれば90％
以上の確率で遭遇できます。なぜ冬限定かというと、アラスカ
から暖かい海を目指し南下してきたザトウクジラがパートナー
を見つけ、出産と子育てをする場所がハワイ沖なのだそう。つ
まりクジラたちはハネムーンと子育ての地にハワイを選んでい
るのです。そんな生命のドラマもロマンチックに思えてきませ
んか。『**スターオブホノルル**』の場合、朝か昼の出航。サンセ
ットクルーズより乗船時間が短く手軽なうえ、クジラが見えな
かった時には滞在中の再乗船を保証してくれます。

猫好きが必ず訪れる、知る人ぞ知る人気スポットとは？

　自ら「猫ストーカー」と呼ぶほどの猫好き。旅先でもつい、
ニャンコのいそうなところを探してしまいます。何となく隠れ
ていそうなところ、日向ぼっこしていそうなところに鼻が利く
のは、猫好きの方なら理解していただけるでしょう。そんな私
が必ず訪れるのが、ワイキキの『ブレーカーズホテル』（P.65）。
ここには、マイリとホワイティという2匹の看板猫が住んでい
ます。また、ノースショアに出掛けたら、『パタゴニア』（P.96）
のウッドデッキにやって来る猫ちゃんに会うのが楽しみ。野良
猫なのですが、人懐っこい様子からはお店のスタッフに可愛が
られているのがよくわかります。ハレイワにはウミガメがやっ
て来る『ハレイワ・アリイ・ビーチパーク』（P.99）もあり、
ノースショアまで出かけたらぜひかわいい動物との出会いも体
験してみてください。

憧れの
キャンパスライフを
プチ体験。
ハワイ大学に
潜入してみる

『ハワイ大学』は1907年に設立された州立大学。ロコたちは親しみを込めて「UH（ユーエイチ）」と呼びます。海洋学、天文学、火山研究などハワイの特徴を生かした研究分野のレベルの高さで知られ、オアフ島のマノアとカポレイ、ハワイ島ヒロにある4年制大学の他に7つのカレッジを持ちます。最大規模を誇るのがワイキキに近い『**ハワイ大学マノア校**』。キャンパスの広さは東京ドーム約28個分というのだから、ひとつの町がすっぽり収まるほど。数年前には作家の村上春樹氏が客員教授を務め、講義が行われていた時期がありました。当時の学生たちは彼の研究室を訪れ、ディスカッションする機会もあったのだそう。なんともうらやましい環境です。

UHはとてもオープンな大学で、ロゴグッズや文房具、衣料品などを販売するブックストアやカフェテリアには学生でなくても出入りできます。ライブラリーの蔵書閲覧やパソコン使用もOK。毎週金曜日には小規模ながらファーマーズマーケットも開かれています。ウェブサイトの「セルフガイドツアー」を見ながら歩くとわかりやすく、学生時代に後戻りした気分を味わえますよ。プルメリアの花や、5〜6月にはシャワーツリーの花が咲き乱れるキャンパス内では、虹がよく見られます。

ハワイ大学マノア校
The University of Hawaii
at Manoa Campus

MAP:P.152 ／ホノルル
2500 Campus Rd., Honolulu
TEL 808-956-8111
universityofhawaii.myuvn.com/self-guided-tour

料理学校、アロマ資格、英会話などなど、ハワイで学んでみたいこと

「ハワイ留学したい！」と思ったこと、ハワイが好きな人なら一度や二度はあるでしょう。実際に私の周りにもフラ留学、ロミロミの資格取得、キルトレッスンなどで「短期留学」している人は少なからずいます。そこまでの時間と勇気はないけれど、ハワイへ行くついでに少しだけ海外で学ぶ気分を味わってみたい時、ひとり時間はとても便利。楽しみながら学べ、意外に役立つ講座がいくつもあるんです。

オーガニック＆ナチュラルスーパーのヘルシー料理教室

最近でこそオーガニック＆ナチュラルな食材を扱うスーパーは珍しくなくなったハワイだけれど、『ホールフーズ・マーケット』が上陸する2007年まで、ホノルルの健康志向の人たちはキング・ストリートにある『**ダウン・トゥ・アース**』に集まっていました。この店は現在でもハワイの健康ブームを牽引する存在です。しかも、扱うものはベジタリアンフードのみ。冷凍食品にもデリコーナーの料理にも肉、魚、乳製品といった動物性のものは一切、含まれていません。野菜や果物の多くがハワイ産で、地元の食材にもこだわっています。

ここで開催されているクッキングクラスに参加したことがあります。建物の3階に、外からでは想像もつかない立派なキッチンスタジオがあり、デモンストレーションのような形式で行われます。先生によって料理のジャンルが変わり、実際に料理させてくれる場合もあるよう。共通しているのは、お店で扱う食材を使ったベジタリアンまたはヴィーガンメニューであるこ

と。受講料金は10〜25ドルとリーズナブルで、予約が必要なものと、当日その場で参加できるものがあります。ウェブサイトに開催スケジュールと詳しい内容があるのでチェックしてみてください。完成した料理の試食だけでなく、食材のサンプルや新製品のお土産が付き、なかなかお得な内容ですよ。

　料理教室のいいところは、よほど難しい調理法でない限り片言の英語で楽しめること。初めて会った参加者同士が料理ができあがる頃には仲良くなっていて、試食中の会話も弾みます。以前、別の国で体験した時も、数カ国から集まった旅行者がすっかり打ち解けたことがありました。食材や調理法を英語で覚えられることも楽しみのひとつです。

人気のビーチタウン、カイルアでアロマ資格を取得

　その美しさからハワイ語で「天国の海」と名付けられたラニカイビーチがあるカイルア（P.100）。おしゃれなショップやカフェも多く、相変わらず女性に人気のスポットです。ここにあるアロマカフェ『**アアラ・ハーバル・バー＋アロマセラピー**』では、アロマセラピーのワークショップを開催しています。オーナー夫妻は日本人なので言葉の心配はありません。1回だけ

ダウン・トゥ・アース
Down to Earth

MAP: P.152 ／ホノルル
2525 S. King St., Honolulu
TEL 808-947-7678
7:00 〜 22:00　※クッキングクラス開催
日程はウェブ参照。無休
www.downtoearth.org/events/calendar/
month

アアラ・ハーバル・バー＋
アロマセラピー
'A'ala Herbal Bar+Aromatherapy

MAP: P.151 ／カイルア
27 Oneawa St., Kailua
TEL 808-683-2499
8:30 〜 15:00
土・日曜休
www.kailuacafeaala.com

の体験レベルから、アメリカ最大のアロマセラピー専門家団体「米国NAHA協会」の資格が取れる本格的な講座まであり、ハワイ旅行を兼ねて受講をして資格を取得する人が多いのだとか。ワイキキからカイルアまではザ・バス（P.70）で約40分。毎日、カイルアに"通学"するのもなかなか素敵な体験です。

ハワイに語学留学って、どうなの？

「若い時にあんなこと、こんなこと、もっと勉強しておけばよかった」と思うことがいくつかあります。英会話もそのひとつ。でも英会話をマスターすることが真の目的なら、ハワイを選ぶ人は少ないでしょう。けれどハワイへ行くことが第一の目的なら話は別。周りからチャラいと思われようと、ハワイと語学学習の両方を存分に楽しみましょう。

比較的サポート体制が整っていて、信頼できるのが『**グローバルビレッジ・イングリッシュ・センター**』。最短1日から受講でき、お試しのプチ留学にもってこい。コミュニケーションからビジネス英語までレベルと目的に応じたクラスを選べ、3カ月以上になる場合は留学ビザの発行手続きをサポートしてくれます。フラやサーフィンなどアクティビティのプログラムも

グローバルビレッジ・
イングリッシュ・センター
Global Village English Centres

MAP: P.152 ／ホノルル
1440 Kapiolani Blvd., Honolulu
TEL 808-943-6800
jp.gvenglish.com

充実。日本語が話せるスタッフが常駐し、必要であれば滞在先の紹介もしてくれるという、至れり尽くせりの内容です。遊び半分といわれてもいいじゃないですか。英会話はそこそこの上達だったとしても、きっと何か残るものがあるはずです。

ハワイの歴史をきちんと知る

「そもそも、ハワイアンはどこからやってきたの？」「王朝時代のハワイはどんなところだったのかしら」。そんな素朴な疑問に答えてくれるのが、**『ワイキキ・ダウンタウン歴史街道ツアー』**です。案内してくれるのは、ハワイ州観光局が運営する**『アロハプログラム』**のキュレーターでもある、さゆり・ロバーツさん。ワイキキとダウンタウン、2コースのツアーがあり、まずワイキキコースから参加してみることをおすすめします。彼女の口から語られるのはおよそ1600年前、小さなカヌーでハワイへやってきたポリネシア人の大航海のエピソードや、カメハメハ大王のハワイ統一、王朝時代の知られざるラブストーリーなどなど。かつて水田だったカラカウア通り、王家のヤシ園があったロイヤル・ハワイアン・センターといったゆかりの場所を巡りながら丁寧に解説してくれます。一方、ダウンダウンコースでは『ハワイ州庁舎』（P.92）内を見学したり、カメハメハ大王像や歴史的建造物の見学が中心。彼女の知識の豊富さはもちろんですが、優しい中にも時にドラマチックで、ユーモアを交えた語り口が素晴らしく、現在のハワイの景色に遠い昔の光景がオーバーラップして蘇ります。ツアー終了後は気に

なった場所を改めてひとりで訪ね、じっくり見てみるのもいいと思います。何度も訪れているハワイで、これまで何げなく通り過ぎてきた場所に新発見があるかもしれません。

もっと学んで『ハワイスペシャリスト検定』を目指す

さゆりさんがキュレーターを務める『アロハプログラム』とは、ハワイ州観光局が運営するラーニングサイト。旅する前に知っておくと便利な基本情報に始まり、歴史・文化・自然などについてカテゴリ別に無料インターネット講座やウェブセミナーで学べます。学習後は「ハワイスペシャリスト検定」なる公式のオリジナル検定試験にチャレンジ。この検定試験には初級・中級・上級のレベルがあり、初級試験の受験は無料。合格者だけが参加できるツアー、会員同士で繋がって情報交換できるなどの特典も。カルチャー体験のハワイアンキルトでご紹介したアン・藤原さん（P.14）もキュレーターのひとりです。

サイトを見てみると、ハワイのことをそこそこ知っているつもりでも未知の情報が次々と出てきて、さらにその先を知りたくなります。出掛ける前にチェックしておくと現地で役立つし、帰国後に続きをじっくり学ぶのもいいでしょう。

**ワイキキ・ダウンタウン
歴史街道ツアー**
Hawaii Historic Tour

MAP: P.152 ／ダウンタウン
MAP: P.155 ／ワイキキ
TEL 808-258-7328
※開催日程、集合場所はウェブ参照。
www.hawaii-historic-tour.com

アロハプログラム
Aloha Program

www.aloha-program.com

朝寝坊はもったいない！
虹を探して早朝散歩＆ゆるランのすすめ

おすすめの過ごし方を聞かれるたびにお答えしているのは、「早起きをしてみて」ということ。ハワイは朝の空気がとても気持ちいい。この気持ちよさの中で早朝の散歩やゆるランを楽しむために、歩きやすいスニーカーやランニングシューズをぜひ持参してください。もちろん現地で購入しても構いませんよ。

王道コースのワイキキビーチは東と西を分けて歩く

　初めてでも迷う心配がなくて安全なのは『**ワイキキビーチ**』沿いのコース。ワイキキビーチというのは東西約3kmに渡って延びるビーチの総称。端から端まで歩いても1時間くらいですが、東と西を分けて歩いたり走るのがおすすめです。

　『**カピオラニ公園**』とダイヤモンドヘッドがあるのが東側。カラカウア通りに立つホテル『モアナ サーフライダー』の建物が途切れるあたりから海が見えてきます。早朝のビーチは人影もまばらで、砂がまだひんやりしていて、波打ち際を裸足で歩くのも気持ちいいです。ここからはカピオラニ公園の海側にずっと歩道が続きます。エッグベネディクトで有名な『ハウツリーラナイ』があるカイマナビーチまで約1.5km。朝食前の軽いエクササイズ代わりにちょうどいい距離です。

　西側のアラモアナ方面は、デューク・カハナモク像からフォート・デラッシー公園の海側を歩き、ヒルトンのラグーンまで約2km。朝食を楽しむなら『グーフィー・カフェ＆ダイン』（P.107）や、もう少し足を延ばして『ザ・モダン・ホノルル』（P.59）のプールサイドレストランもいい雰囲気です。

37

アラワイ運河沿いはちょっとディープな散歩道

　埋め立てによってリゾート開発が進められたワイキキ。現在、高層ホテルが立ち並ぶあたりは200年前まで、日本の水田に似たタロイモ畑が広がっていたそうです。開発と同時に建設されたのが、ワイキキの山側を流れる『**アラワイ運河**』沿いのアラワイ通り。ここもまた気持ちいい散歩道です。運河の起点は、アラワイ通りとカパフル通りがぶつかるあたり。湿地だった面影が残る緑地帯には『**ワイキキ・カパフル公共図書館**』という小さな図書館があります。日本の小説も少し置いてあり、トイレ休憩を兼ねて立ち寄ってみるといいでしょう。アラワイ通りにはワンコ連れなど地元の人が多く、運河ではカヌーに興じる人の姿も。のどかな水辺の風景を楽しんでみてください。

土曜の朝はグループ ランニングに参加してみる

　ひとりで走るのに飽きてしまってラン仲間がほしくなったら、グループランに参加してみてはいかがでしょう。スポーツ情報サイト『**スポナビハワイ**』が毎週土曜の朝に開催している「アロハ・サタデー・ラン（グループ ランニング）」は、当日ラン

ワイキキビーチ
Waikiki Beach
MAP: P.155／ワイキキ

カピオラニ公園
Kapiolani Regional Park
MAP: P.153／ホノルル

アラワイ運河
Ala Wai Canal
MAP: P.154／ワイキキ

ニングができる格好で集合するだけでよく、予約不要でしかも
無料。レベルによって2チームに分かれ、カピオラニ公園、アラ
モアナ方面など6〜8kmを45分〜1時間かけて走ります。参
加者のレベルは様々で、マラソン経験者もいれば、ハワイでラ
ンデビューしたくて参加する人もいます。

「レインボー・ステート（虹の州）」の楽しみ方

　滞在中、私もできるだけ早起きを心掛けていますが、夜更か
ししたり前の夜にちょっと飲み過ぎてベッドから出れないこと
があると、必ず後悔します。ハワイの朝は気持ちいいだけでな
く、とても幸せな気分にしてくれるのに、大切な時間を逃して
しまったようで。この気持ちよさを体験しないで終わると、ハ
ワイの魅力の何分の一かは知らずに帰ることになるでしょう。

　散歩＆ゆるランのもうひとつの楽しみが、虹を見つけること。
ハワイは意外に雨がよく降り、雨上がりに虹が見られることか
ら「レインボー・ステート（Rainbow State：虹の州）」のニッ
クネームがあります。そして虹を見た人は、必ずハワイへ戻っ
てくるのだとか。散歩の途中でもし雨に降られたら、大きな虹
を見つけられるチャンスかもしれません。

ワイキキ・カパフル公共図書館
Waikiki-Kapahulu Public Library

MAP: P.153／ホノルル
400 Kapahulu Ave., Honolulu
TEL 808-733-8488
10:00〜17:00（木曜は12:00〜19:00）
日・月曜休
www.librarieshawaii.org/branch/waikiki-
kapahulu-public-library

スポナビハワイ
グループ ランニング
SpoNavi Hawaii Group Running

MAP: P.154／ワイキキ
227 Lewers St., Waikiki（ワイキキ・ビ
ーチ・ウォークのサブウェイ前に集合）
土曜7:50〜約1時間
www.sponavihawaii.com/sports/
funrun/grouprun

せっかくのハワイ。
水着に着替えて
波と戯れる

本書の冒頭で「水着なしでも楽しい……」とは書きましたけど、せっかくハワイへ来たならもちろん海にも入りたいですよね。最近、時々トライしているのがSUP（スタンドアップパドルサーフィン）。遠浅のワイキキビーチは初心者のSUPデビューにもってこい。ひとりでボードを抱えて海に出られるレベルではない私は、もっぱらプライベートレッスンを利用しています。グループレッスンに比べ割高ですが、体力や運動能力によって習熟度に差が出るSUPやサーフィンのようなスポーツは、1対1でじっくり習ったほうが確実に上達するから、プライベートの方が結果的にお得。一方、SUPボードの上で行うヨガは、グループレッスンで。どちらもバランス感覚とインナーマッスルが鍛えられ、とてもいいエクササイズになります。

SUP で波と戯れ、ヨガでデトックス

　ワイキキビーチにはその場で申し込めるサーフレッスンやボートのレンタルデスクがいくつもあります。利用することが多いのは『**ワイキキビーチサービス**』。1955年に設立した、ワイキキでは最も老舗のサーフスクールです。場所が便利だし、インストラクター全員がハワイ州のライセンスを所持し、安心して任せられるのが理由です。『シェラトン・ワイキキ』前のビーチに受付のデスクがあり、朝の散歩の帰りにその日の予約の空き具合を確認し、申し込むことが多いです。SUPボードはロングボードより安定性があり、パドルでコントロールできるため、約1時間のレッスンでたいていの人は乗れるようになりま

41

す。ワイキキビーチやダイヤモンドヘッドを海から眺めるのは
とても爽快。レッスン中は撮影専門のスタッフが写真やビデオ
の撮影をしてくれます。レッスンとは別料金なので無理に買う
必要はないけれど、記念に1枚くらいダイヤモンドヘッドをバ
ックにボードに乗った写真があってもいいですよね。最近は紙
焼きではなくなって、USBのデータで提供してくれます。

　もうひとつの楽しみ方が、海に浮かべたSUPボードの上で行
うヨガ。ホテルのプールで体験できるところもありますが、オ
ープンウォーターの方が気持ちがいいのはいうまでもありませ
ん。SHOKOさんという日本人女性が主宰する『**カパリリ・ハ
ワイ**』では、波が穏やかなアラモアナビーチでレッスンを実施。
午前中と夕方のクラスがあり、おすすめは断然サンセットタイ
ムからスタートする「ナイトSUPヨガ」です。ボードの上から
夕日を眺めながら体を動かしていると、気持ちが少しずつ穏や
かになっていくのがわかります。ヨガの後はライトアップされ
たボードに乗って夜の海をクルージング。時にはウミガメに出
会えることもあるそうですよ。海から『ヒルトンの花火』(P.19)
を眺められる金曜日のクラスはすぐに満員となってしまうため、
早めの予約がおすすめです。

ワイキキビーチサービス
Waikiki Beach Service
MAP: P.155 ／ワイキキ
2255 Kalakaua Ave., Honolulu（シェラト
ン・ワイキキ内）
TEL 808-931-8815
7:00 ～ 19:00（受付時間）　無休
SUPプライベートレッスン120ドル
www.waikikibeachservices.com

カパリリ・ハワイ
Kapalili Hawaii
MAP: P.152 ／ホノルル
※アラモアナ・ビーチパークの
マジックアイランドに集合。
TEL 808-485-9399
9:00 ～ 17:00（オフィス営業時間）
土・日曜休（レッスンは実施）
ナイトSUPヨガ＆SUPパドリング138ドル
kapalili.com

カタマランクルーズでちょこっと沖まで

　ひとりでも気軽に参加できるのがカタマランクルーズ。2隻の小舟を並べた形のヨットで1.5～2時間のショートクルーズを楽しむもの。安定性が高く揺れが少ない構造のため、船酔いの心配が少なく、50ドル前後の手ごろな価格も魅力です。ビーチでちょっと時間が空いた時に、乗ってみませんか。

　ワイキキビーチから数隻のカタマランが出航しているなか、あまり濡れたくないなら大きい船を選びましょう。豪華版が『アウトリガー・リーフ・ワイキキ・ビーチ・リゾート』前から出航する『**ホロカイ・カタマラン**』。白い船体にオレンジのロゴが目印で、船内ではアルコールも楽しめます。朝、昼、夕刻のクルーズがあり、定員に余裕があれば予約なしで乗れますが、サンセットクルーズはさすがに人気が高いよう。金曜の夜はSUPヨガ同様、特に混雑するので予約をしておいた方が確実です。「揺れても、濡れても平気！」という人は、デューク・カハナモク像近くのビーチから出航する小さなカタマランへ。中央のネットの上は、波をかぶるうえバウンドするのでスリル満点！　こっちの方がお値段もリーズナブルです。

ホロカイ・カタマラン
Holokai Catamaran

MAP: P.154／ワイキキ
※ワイキキビーチのアウトリガー・リーフ・
ワイキキ・ビーチ・リゾート前から出航。
TEL 808-922-2210
デイクルーズ：1.5時間40ドル～2.5時間
80ドル　無休
www.sailholokai.com

スパタイムは
大人だからこその
贅沢ひとり時間

リゾートで過ごすスパタイムは、女性にとって憧れのひとつ。近頃はカップルスパもあるけれど、誰にも気兼ねすることなく気持ちいい時間を独り占めしたいのが正直なところではありませんか。スパを予約する時はまず、どんな施術を希望するかはっきりさせましょう。ハワイの伝統的なマッサージ法「ロミロミ」を希望する人が多いでしょうから、とにかく贅沢な気分に浸りたければホテルのスパへ。「街中の気軽で安いところがいいわ」という人は、フリーペーパーをチェック。内容と料金を見比べられ、割引クーポンが付いていることもあります。

　時間を有効に使うために、予約時間の選び方も大切です。ホテルスパの場合、昼間の予約が取りにくいのに対して、コリをほぐすことが目的のマッサージサロンは夕方以降が混雑します。穴場の時間帯は多くの人が食事に出かけるディナータイム。この時間を自由に使えるのは、ひとり旅の特権です。

ワイキキ唯一のオーシャンビューで１日を過ごす

　初めて体験するホテルスパなら、「ワイキキのファーストレディ」ことモアナ サーフライダーの『**モアナ ラニ スパ**』をおすすめします。ハレクラニ（P.67）の『スパハレクラニ』、ロイヤル ハワイアン ホテルの『アバサ スパ』など素敵なところがあるけれど、ワイキキでオーシャンフロントはここだけ。リラクゼーションルームやジャグジーから海を眺め、波の音を聞きながら過ごせます。トリートメントの前後も好きなだけ滞在できるから、たっぷり時間をとって訪れるといいですよ。そして水

45

着もお忘れなく。用意されている紙のショーツとブラでは頼りなくて、ジャグジーで存分に寛げません。それなりのお値段ですが、半日以上過ごせることを思えば決して高くありません。

ダイヤモンドヘッドに癒されるアットホームなサロン

トリートメントルームの窓いっぱいにダイヤモンドヘッドの全景が広がるのが、『マーメイド・コーヴ・スパ＆サロン』です。オーナーでセラピストのリイコさんの丁寧なカウンセリングから、すでに癒しの時間が始まります。軽いタッチで体の深いところから緊張をほぐす「クラニオセイクラル・セラピー」、「眠りのヨガ」と呼ばれるヨガニードラを取り入れた施術に、ロミロミと指圧を組み合わせたマッサージでほぐされると、全身の疲れがスッキリ解消。また、ホテルへの出張もお願いできます。

もしもの"グキッ!"にも対応してくれる心強いサロン

肩や腰がガチガチに凝っていてリラクゼーション系のマッサージではビクともしない人におすすめしたいのが『ボディ・マッサージ・ハワイ』。院長の竜太先生は、プロスポーツ選手が定期的に体のメンテナンスに訪れている凄腕整体師。指圧と独

モアナ ラニ スパ 〜ヘブンリー スパ
バイ ウェスティン
Moana Lani Spa, A Heavenly Spa by Westin
MAP: P.155 ／ワイキキ
2365 Kalakaua Ave., Honolulu
（モアナ サーフライダー
ウェスティン リゾート＆スパ2F）
TEL 808-237-2535（予約専用）
8:00 〜 21:00　無休
ロミ・ホオキパ50分190ドル〜
www.moanalanispa.jp

マーメイド・コーヴ・スパ＆サロン
Mermaid Cove Spa & Salon
MAP: P.155 ／ワイキキ
134 Kapahulu Ave., Honolulu
（ワイキキ・グランド・ホテル6F-616号室）
TEL 808-772-7325
10:00 〜 22:00（完全予約制）　無休
基本メニュー 80分200ドル〜
www.mermaidcovespa.com

自のストレッチ法を取り入れたマッサージで頑固なコリをほぐしてくれます。なかなか予約が取れないことと指名料が別にかかりますが、ぜひお願いしたいものです。その他のスタッフもレベルが高く全員、日本語が堪能。機内で座った姿勢が続いた後、重いスーツケースを持ち上げた途端"グキッ！"とくることも少なくないのだそう。そんな時のためにも、こういうサロンを1軒知っておくと役立ちます。

元大統領が指名する、カイルアのゴッドハンド

　ハワイ出身のアメリカ元大統領、オバマ氏が休暇を過ごすことでも知られるカイルア（P.100）。ここに、オバマご夫妻からのご指名を受けるセラピストがいます。『**ロミロミ・ハナ・リマ**』のオーナー、エリさんがその人。まず、チャント（お祈り）から始まるロミロミは、一人ひとりのコンディションに合わせ会話しながら行われます。指圧などのマッサージと異なるのは、身体の中に溜まったコリだけでなく、ストレスや怒りまでも排出することなのだそう。そのせいでしょうか、終わった後は気持ちがとても穏やかになるのがわかります。エリさん以外のスタッフの腕も確かなので、安心して任せられます。

ボディ・マッサージ・ハワイ
Body Massage Hawaii

MAP: P.152／ホノルル
1600 Ala Moana Blvd., #105, Honolulu
（ヨットハーバータワー エバタワー 1F）
TEL 808-926-0233
9:00〜18:00　日曜休
整体60分80ドル〜、院長施術90分150ドル
www.bodymassagehawaii.com

ロミロミ・ハナ・リマ
Lomilomi Hana Lima

MAP: P.151／カイルア
315 Ulunui St., 2F-202, Kailua
（カイルアスクエア2F-202号室）
TEL 808-263-0303
9:00〜17:00　日曜休
ロミロミ60分90ドル〜
lomilomihanalima.com

47

もの作りの現場を
とことん楽しむ
ハワイの工場見学へ！

自他ともに認める工場見学マニアです。ハワイでも「これ、作っているところを見てみたいよね」と言い出すと、いつも一緒に仕事をしているスタッフさんは「ほらまた……」とあきれ顔になります。だって、もの作りの現場を見ていると、ワクワクするんですもの。ハワイでは日本に比べて一般向けの見学コースが整っているところは少ないですが、それでもハワイらしいもの作りの現場を見学できる場所がいくつかあります。

搾りたてのサトウキビジュースに感動するラム酒工場

　工場見学というより、ラム酒のテイスティングツアー。でも、最初に味見させてもらえる搾りたてのサトウキビジュースがとても美味。ハワイの農業と産業の成り立ちまで深く考えさせられるのが『**コハナ・ラム**』です。

　ラム酒は製法によって2種類あることを、ここで初めて知りました。砂糖を精製する際に出る搾りかすを原料とするのが一般的な製法。一方、サトウキビジュースを醸造する「アグリコール」という製法によるラム酒は、世界中でもわずか2％しかないのだそう。ここでは後者を採用し、しかも古代ポリネシア人がハワイに持ち込んだ原種に近いサトウキビを原料にしています。その醸造ラインを見学した後は、お楽しみのテイスティングタイム。芳醇な香りとまろやかな飲み口にグラスが進みがちなので、飲み過ぎには気を付けてください。

　少々不便な場所にあり、けれどレンタカーを運転して行くとテイスティングができません。『ロバーツハワイ』など旅行会

社のオプショナルツアーを利用をおすすめします。

あの、人気プレイヤー愛用のウクレレを作る工場へ

ジェイク・シマブクロ、ハーブ・オオタ・ジュニアなど、名だたるウクレレプレイヤーが愛用する『**カマカ・ウクレレ**』。1916年、サミュエル・カマカが創業し、現在でも1台1台手作りされるウクレレは、その音色の美しさから世界中のファンを魅了しています。ファクトリーでは、1枚の板がパーツごとに成形され、ウクレレの形に組み立てられていく様子を見学できます。カマカのウクレレはすべて受注生産。もし購入希望なら日本からネットで注文しておき、ファクトリーツアーに訪れた際に受け取るのがいいでしょう。実際に作られている現場を見れば、手にした時の感動もひとしお。注文から完成までは、早くても2週間くらいかかるそうです。

コーヒー好きにおすすめしたい2カ所のファクトリー

ハワイを代表するコーヒーブランド『**ライオン・コーヒー**』と『ホノルル・コーヒー』はどちらも焙煎工場を公開していて、見比べると違いがわかって面白いですよ。

コハナ・ラム
Kohana Rum

MAP：P.150／オアフ島
92-1770 Kunia Rd., #227, Kunia
TEL 808-649-0830
10:00 ～ 18:00　無休
※テイスティングツアーは所要約1時間
25ドル（要予約）。
www.kohanarum.com

カマカ・ウクレレ
Kamaka Ukulelel

MAP：P.152／ホノルル
550 South St., Honolulu
TEL 808-531-3165
8:00 ～ 16:00　土・日曜休
※ファクトリーツアーは火～金曜の
10:30 ～約45分、無料。
www.kamakahawaii.com

凛々しいライオンの顔がトレードマークの『ライオン・コーヒー』。カリヒという工場街にあるファクトリーでは日本語ツアーを実施しています。まず、アメリカ最古のコーヒーブランドとして創業してから現在に至るまでの歴史を紹介してから工場内へ。大量のコーヒー豆が投下され、ブレンド、焙煎を経てパッケージングされていく様子はずっと見ていても飽きません。テイスティングタイムでは日替わりブレンドの他、コナコーヒーや有名レストラン用に提供しているものまで味わえます。割引購入できるお買いものタイムも楽しみ。

ハワイのコーヒーとして世界的に知られているコナコーヒーは、ライトかミディアムローストが最も美味しいって知っていましたか。ダークローストやエスプレッソにすると、独特の酸味とフルーティーな香りが失われてしまうのだそうです。コナコーヒー栽培の歴史とともに、豆の選び方、美味しい飲み方まで学べるのが『**ホノルル・コーヒー・エキスペリエンス・センター**』。カフェに焙煎所を併設し、緑色の豆がロースターに投入され、次第に色付いて香ばしい芳香を放つまでを眺められます。ワイキキから近く、カフェ利用だけでもOK。焙煎の見学は無料なので、コーヒータイムに訪れてみてください。

ライオン・コーヒー
Lion Coffee

MAP: P.151 ／オアフ島
1555 Kalani St., Honolulu
TEL 808-843-4219
6:00 ～ 17:00（土曜9:00 ～ 15:00）
日曜休
※ファクトリーツアーは月～金曜
10:30・12:30 ～所要約45分、無料。
www.lioncoffee.com/tours/japanese

**ホノルル・コーヒー・
エキスペリエンス・センター**
Honolulu Coffee Experience Center

MAP: P.154 ／ワイキキ
1800 Kapiolani Blvd., Honolulu
TEL 808-202-2562
6:00 ～ 18:00　無休
※テイスティングツアーは11:00 ～ 1時間、35ドル（要予約）。
www.honolulucoffee.com

ひとり時間が心地いい。
今、泊まるなら
リノベーションしたばかりの
このホテル

ひとりの旅で、お財布に最も重くのしかかってくるのがホテル代。でも、ホテルで過ごすひとり時間は最高の贅沢。ここにいる間、家事からも家族の世話からも解放され、誰にも邪魔される心配がない。これが大人のひとり旅の醍醐味です。

ホテル選びのポイントは、第一にフットワークよく動けるロケーション。女性ひとりの場合、セキュリティも重視したいところ。豪華でなくても清潔なところがいいですね。これらの条件をクリアするとなると、ワイキキ内で最低でも180〜200ドル。税金とリゾートフィーが加算され220〜250ドルくらいと考えてください。また、大型ホテルより客室数200室くらいまでのこぢんまりしたところのほうが居心地がいいです。最近では宿泊料金を比較できる予約サイトがたくさんありますし、公式サイト限定の割引プランや、「55歳以上は〇％オフ」「〇泊以上すると1泊無料」などの特典を設けているホテルも多いので、複数のサイトをじっくり見比べて選んでください。

リノベでおしゃれスポットに生まれ変わったホテル

ワイキキでは古いホテルのリノベーションが相次いでいます。大きな話題となっているのが『**クイーン カピオラニ ホテル**』。老朽化が進んでいたことから、しばらく忘れ去られていた存在でしたが、リノベ完了後の2018年11月に訪れてその変貌ぶりにびっくり。とても素敵なことになっているではないですか。開放的なロビーの壁面を飾るのは、ハワイのアーティストによる遊び心いっぱいの絵画と、カラフルなサーフボード。本格コ

ーヒーを味わえるカフェやセレクトショップ、元世界チャンピオンが手掛けるサーフスクール受付も入っています。

　気になる客室は、白がベースのシンプルなインテリアに、ロコアーティストの絵画や、優しい色使いの家具とクロスが温かみを添えています。最大の魅力は、目の前にダイヤモンドヘッドの全景が広がること。ダイヤモンドヘッドと海が見えるコーナールームを指定して泊ったところ、1日中この景色を眺めながら部屋で過ごしてもいいと思える絶景を楽しみました。宿泊料金が以前より高くなってしまったのは少々残念だけれど、これなら価値があると納得です。ワイキキの中心部から少し離れますが、カピオラニ公園（P.38）やカパフル通り（P.76）、カイムキ（P.80）方面へ出掛けるには便利なロケーションです。

ワイキキで最高のロケーションを誇るホテル

　2019年4月に約1年をかけた大改装を終えたばかりなのが『ワイキキ・ビーチコマー byアウトリガー』。ロイヤル・ハワイアン・センター（P.13）の向かい側に位置し、隣がインターナショナル マーケット プレイス。まるでワイキキのいいとこどりみたいなロケーションです。メインロビーは2階にあり、

クイーン カピオラニ ホテル
Queen Kapio'lani Hotel

MAP: P.155 ／ワイキキ
150 Kapahulu Ave., Honolulu
TEL 808-922-1941
ステューディオ189ドル〜　全315室
jp.queenkapiolani.com

ワイキキ・ビーチコマー byアウトリガー
Waikiki Beachcomber by Outrigger

MAP:P.155 ／ワイキキ
2300 Kalakaua Ave., Honolulu
TEL 808-922-4646
03-4588-6441（日本）
ワイキキビュー 220ドル〜　全496室
jp.waikikibeachcomber.com

同じフロアに『ハワイアン・アロマ・カフェ』と『マウイ・ブリューイング・カンパニー』があります。ダイヤモンドヘッド方面からアラモアナ・センターを巡回する専用トロリーに無料で乗車できることも大きなポイント。ショートステイでフットワークよく動き回りたい旅におすすめしたいホテルです。

あの名門ホテルの妹分がリノベーション完了

最も気になっているのが、2019年10月末開業の『**ハレプナ ワイキキ バイ ハレクラニ**』です。名前からもわかるように、『ハレクラニ』（P.67）の姉妹ホテル。以前は『ワイキキパークホテル』の名称で営業していました。ご本家よりこぢんまりしていること、同レベルのサービスをリーズナブルに受けられることもあり、リピーターや出張族に人気があったホテルです。何度かひとりで利用したことがあり、日本人の女性スタッフがロビーで見かけるたびに声をかけてくれたり、おすすめのアクティビティやレストランを教えてくれたりしたことが記憶に残っています。実際にはまだ宿泊できてないのですが、リノベーションでどんな風に生まれ変わったのか、次回のハワイで滞在できることをとても楽しみにしています。

ハレプナ ワイキキ バイ ハレクラニ
Halepuna Waikiki by Halekulani
MAP: P.155 ／ワイキキ
2233 Helumoa Rd., Honolulu
TEL 808-921-7272
スタンダード343ドル〜　全288室
www.halepuna.com/jp

デザイナーズ＆
ブティックホテルで
おしゃれな大人女子の
気分を味わってみる

このところワイキキには、ミッド・センチュリーをコンセプトにしたデザイナーズ＆ブティックホテルが増えています。中規模で使い勝手がいいうえ、個人旅行のお客さんが中心。グループやファミリーが少ないこともあり、落ち着いた雰囲気が魅力です。内装やアメニティにもこだわり、おしゃれな気分に浸れるのも女性にとってうれしいところでしょう。

✿ 約70体のフラドールが勢揃いしてお出迎え

レセプションデスクに並ぶフラドールで、一時期SNSを騒がせたのが『**ザ・レイロウ オートグラフ・コレクション**』です。マリオットグループに属する独立系ホテルで、個性的な高級ホテルが多いなか、ここは比較的お手頃な宿泊料金。インターナショナル マーケット プレイスに隣接する便利なロケーションですが、リゾート感あふれるプールサイドにいるとワイキキの中心にいることを忘れてしまいそう。廊下の壁紙やサイン、客室の小物やビーチタオルなどもフォトジェニック。隅から隅まで写真を撮って日本にいる友人や家族に自慢したくなるに違いありません。プールフロアにあるバーも素敵。もし別のホテルに泊まっていたら、このバーの雰囲気だけでも味わいに出かけてみてください。

✿ かつてのビジネスビルがスタイリッシュなホテルに

『ワイキキ・ビーチコマー』(P.54)と背中合わせにあるのが『**ハイアット・セントリック・ワイキキ・ビーチ**』。クヒオ通りに

あったビジネスビルが全面改装し、スタイリッシュなホテルとして生まれ変わりました。ロビー階までエレベーターで上がると、シンプルな外観からは想像もつかないほど開放的な空間が広がります。建物の形状が変わっているため、同じフロア内でもロケーションによって客室の形が異なるのが特徴。細長かったり、三角形だったり、そこに遊び心ある家具の配置が面白いのです。バーカウンターがあるロビーやプールサイドは、シティホテルの雰囲気。プールサイド・ダイニングの朝食メニューが充実していて、パンケーキとエッグベネディクトがおすすめです。毎朝9時から始まる、古代ハワイアンの衣装に着替えたスタッフによる歓迎セレモニーとともに楽しむといいですよ。

ロコにも人気のバンガロー風ホテル

　地元クリエーターのアイデアを取り入れたワイキキのおしゃれホテルブームは、『ザ・サーフジャック』から始まったといえるかもしれません。半ば幽霊屋敷化したホテルが2016年に全面改装し、ビーチバンガロー風ホテルになりました。プールを取り囲むようにある客室は100室ほど。レンタサイクル、モーニングコーヒーのサービス、客室備え付けのトートバッグな

ザ・レイロウ
オートグラフ・コレクション
The Laylow, Autograph Collection

MAP: P.155 ／ワイキキ
2299 Kuhio Ave., Honolulu
TEL 808-922-6600
デラックスキング242ドル〜　全251室
www.laylowwaikiki.com

ハイアット・セントリック・
ワイキキ・ビーチ
Hyatt Centric Waikiki Beach

MAP: P.155 ／ワイキキ
395 Seaside Ave., Honolulu
TEL 808-237-1234
1キングベッドデラックス264ドル〜
全230室
www.hyattcentricwaikikibeach.com

どの心遣いがとても気が利いています。アットホームなホテルなので、3〜4日も滞在していればフロントのスタッフとも顔見知りになり、挨拶を交わすようになれるはず。オーシャンビューはありませんがプールサイドの雰囲気がとてもよくて、ビジネスミーティングやノマドワークに利用するロコもいます。週末のプールサイドイベントも楽しみなホテルです。

ワイキキから少し離れて隠れ家の気分を味わうなら

サンセットのベストスポット、アラワイ・ヨットハーバーに面した『ザ・モダン・ホノルル』は、ちょっとした隠れ家の気分を味わえるホテル。ビーチよりもプールサイドでのんびり過ごしたい人におすすめです。ワイキキとアラモアナの中間にあり、どちらへも歩いて行ける立地。もともと家族連れの宿泊客はそんなに多くないですが、2カ所あるプールのひとつが大人限定というのもうれしい。昼間は静かなホテルが、一転して華やかな社交場になるのは週末の夜。「ホノルルで一番、スタイリッシュ！」と呼び声高いウッドデッキに囲まれたプールが様々なイベント会場になります。昼間はライブラリーとして使われているロビーの壁の裏側から現れるバーも、大人向きです。

ザ・サーフジャック・ホテル＆
スイム・クラブ
The Surfjack Hotel & Swim Club

MAP: P.154 ／ワイキキ
412 Lewers St., Honolulu
TEL 808-923-8882
1ベッドルーム・バンガロー 217ドル〜
全112室
surfjack.jp

ザ・モダン・ホノルル
The Modern Honolulu

MAP: P.154 ／ワイキキ
1775 Ala Moana Blvd., Honolulu
TEL 808-450-3379
シティビュー 249ドル〜 全353室
www.themodernhonolulu.jp

定宿にしたくなる、
ロケーション抜群なのに
リーズナブルな
穴場ホテル4軒

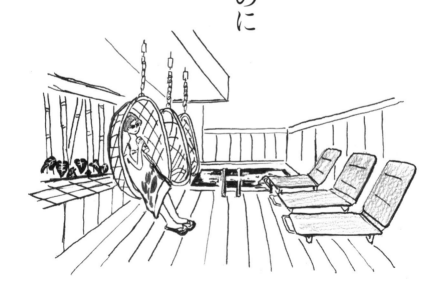

宿泊費は安いに越したことはないけれど、惨めな気持ちになるようなホテルには泊まりたくないですよね。ワイキキ内にあり、そこそこキレイで、しかもリーズナブル、そんなホテルが理想的。おすすめはルワーズ通りとアラワイ通り。ルワーズにはこぢんまりしたホテルが多く、アラワイ通りからは海は見えないけれど、運河の眺めがいいんです。実際に泊まってみてリピートしてもいいと思っている4軒をご紹介します。

リゾートフィー不要、ミニキッチン付きもうれしい

『**ココナッツ・ワイキキ・ホテル**』を初めて利用したのは、かれこれ15年以上前。日本の雑誌やガイドブックで扱う機会が少ないこともあり、気になりつつも足が遠のいていました。最近リノベーションを済ませたと聞き訪れたところ、期待以上。アラワイ運河沿いはどちらかというとしっとりした感じのホテルが多いなか、エントランスからしてとても明るい印象。改装間もない客室が清潔であるだけでなく、電子レンジを備えたミニキッチンがあり、テイクアウトの料理を温める時などに便利です。さらにうれしいことに、リゾートフィーが不要。リゾートフィーというのは宿泊費以外に請求される施設使用料のことで、1泊につき20〜30ドルが相場。ホテルによって内容が異なりますがWi-Fi接続、ビーチタオル貸し出し、駐車場代などを含んでいます。徹底的に活用すればお得ですが、実際にはもったいないと感じることが多いのです。ここはロビーに行けばWi-Fiが通じるので不便はありません。日本語はほとんど通じ

61

ないけれど、とてもフレンドリーなスタッフが迎えてくれます。

全室ウォシュレット付き、空港の無料送迎は見逃せない

　最近、ハワイでも増えているウォシュレット付きの客室ですが、リーズナブルなホテルで全室完備しているところは多くありません。そんな中、「全室ウォシュレット付き」をセールスポイントにしているのが『**ワイキキ・サンドビラ・ホテル**』。コストパフォーマンスのよさもあり、アジア方面からのリピーターに根強い人気があります。ホテルの公式ウェブサイトから4泊以上予約するとホノルル空港に無料送迎のサービスも。前出の『ココナッツ・ワイキキ・ホテル』とここは、予算が許せば運河側の部屋をリクエストしてください。目の前に広がる水辺の景色とゴルフ場の緑、夜はクリスマスツリーのようにも見える住宅街の夜景に癒されますよ。

夜遊びしたい人にもってこい。無料の朝食も楽しんで

　『**アクア・オアシス ア・ジョイ・ホテル**』も最近リノベーションしたばかり。客室数100室以下のこぢんまりしたホテルながら、各部屋はゆったりした造り。ホテルタイプとキチネット

ココナッツ・ワイキキ・ホテル
Coconut Waikiki Hotel

MAP: P.154 ／ワイキキ
450 Lewers St., Honolulu
TEL 808-923-8828
シティビュー・キング199ドル〜　全81室
coconutwaikikihotel.com

ワイキキ・サンドビラ・ホテル
Waikiki Sand Villa Hotel

MAP: P.155 ／ワイキキ
2375 Ala Wai Blvd., Honolulu
TEL 808-922-4744
スタンダード135ドル〜　214室
jp.waikikisandvillahotel.com

付きで建物が分かれ、向かい側がDFS、カラカウア通りに出れ
ば目の前がロイヤル・ハワイアン・センターというロケーショ
ン。近くにバーやクラブがあるため夜は騒がしく感じることは
ありますが、こういう立地は夜遅く買いものに出掛けても安心
です。プールサイドでは無料の朝食が振る舞われます。

ハワイ王国最高の美女、カイウラニ王女ゆかりのホテル

　カイウラニ王女が暮らした邸宅跡に建つホテルが『**シェラト
ン・プリンセス・カイウラニ**』。地元の人たちからは「PK（ピ
ーケイ）」と呼ばれています。エントランス脇に王女が腰かけ
たという岩が残り、館内にも王女の肖像画や王朝時代の古い写
真が飾られ、古き良きハワイの趣を今に伝えています。そんな
歴史あるホテルでありながら、驚くほどリーズナブル。公式サ
イトには早期割引、期間限定、長期滞在割引などお得なプラン
がいくつも紹介されているので、チェックしてみてください。
建物の古さは否めませんが、少しずつ改装が進められているの
で不便を感じることはありません。プールサイドのハワイアン・
エンターテインメントはワイキキの夜の風物詩。宿泊ゲスト向
けの無料のアクティビティも充実しています。

アクア・オアシス ア・ジョイ・ホテル
Aqua Oasis A Joy Hotel

MAP:P.154／ワイキキ
320 Lewers St., Honolulu
TEL 808-923-2300
ホテルルーム128ドル〜、キチネット付き
248ドル〜
全96室
www.aquaaston.jp/hotels/aqua-oasis

シェラトン・
プリンセス・カイウラニ
Sheraton Princess Kaiulani

MAP:P.155／ワイキキ
120 Kaiulani Ave., Honolulu
TEL 808-922-5811
カイウラニ・ルーム146ドル〜
全1152室
www.princesskaiulani.jp

ワイキキのまん中の
ノスタルジックホテルで
古き良きハワイへ
タイプスリップ

「今のうちにこれをしておかなければ！」ということ、いろいろありますよね。ハワイのホテルでいえば、ルワーズ通りの『ブレーカーズホテル』にはぜひ泊まっておいていただきたいです。高層ホテルが林立するワイキキにあって、離島のビーチバンガローのような2階建て。「ここが本当にワイキキ!?」、初めて泊まった時の印象でした。自分の家の庭のようにくつろぐ人たちが集うプールサイドは、まるで時間が止まったような空間。客室は至ってシンプルで、キッチンには蚊取り線香のような電熱器のコンロとトースター、アメニティも石けん1個だけ。けれど古いながらとても清潔に整えられています。そしてフロントの近くで出迎えてくれる（といってもいつも眠っている）看板猫。ハワイを訪れるたび、この場所があることとニャンコの姿を確認し、ホッとひと息つくのです。

　しかし、この通りにも開発の波がじわじわと迫っていることは否めません。ずっと変わらずあってほしい……。そう願っていたところ、うれしい知らせがありました。『ブレーカーズホテル』の並びにあり、10年ほど前にいったんクローズした『ハワイアナホテル』が、『パゴダ・ワイキキ』として営業を再開したのです。こちらも今のうちに泊っておきたい1軒です。

ブレーカーズホテル
The Breakers Hotel

MAP: P.154 ／ワイキキ
250 Beach Walk, Honolulu
TEL 808-923-3181
スタンダードキング150ドル〜
全63室
www.breakers-hawaii.jp

パゴダ・ワイキキ
Pagoda Waikiki

MAP: P.154 ／ワイキキ
260 Beach Walk, Honolulu
TEL 808-260-1061
プールビュー 129ドル〜
全60室
www.pagodawaikiki.com

ひとりだからこそ
ラグジュアリーホテルの
贅沢さを満喫する

全泊は無理でも、ひとり旅の総仕上げに最後の2泊を奮発し
てラグジュアリーホテルに宿泊するのはどうでしょう。ワイキ
キ内でフットワークよく動き回りたいなら『ハレクラニ』が、
離島にショートトリップした気分を味わいたいなら『ザ・カハ
ラ』がおすすめです。『ロイヤル ハワイアン ホテル』も『モ
アナ サーフライダー』も素敵だけど、カップルやウエディン
グ利用が多く、落ち着かないことがあります。

　大切なのは2連泊以上すること。1泊では午後にチェックイン
して翌日昼前にはチェックアウトする慌ただしさです。翌朝の
フライトが早朝だった場合、ゆっくり朝食を取る時間もなく、
眠るだけで終わってしまう可能性も。でも連泊すると24時間以
上滞在できるから、朝・昼・夜、すべての時間帯の雰囲気を楽
しめます。できれば、プールサイドで半日以上過ごしてみてく
ださい。プールサイドはそのホテルの客層と雰囲気、サービス
の良しあしがとてもよく分かる場所です。例えば『ハレクラニ』
では、午前中と午後、無料のおやつタイムもあるんですよ。こ
ういうサービスを味わい尽くしてこそ、奮発した価値があると
いうもの。ウェルカムフルーツや厳選されたアメニティも、ぜ
〜んぶ独り占め。ハワイのひとり時間、至福のひとときです。

ハレクラニ
Halekulani

MAP: P.155 ／ワイキキ
2199 Kalia Rd., Honolulu
TEL 808-922-2311
日本の問い合わせ先：フリーダイヤル
0120-489823
スタンダードルーム610ドル〜　全453室
www.halekulani.jp

ザ・カハラ・ホテル＆リゾート
The Kahala Hotel & Resort

MAP: P.153 ／ホノルル
5000 Kahala Ave., Honolulu
TEL 808-739-8888
日本の問い合わせ先：フリーダイヤル
0120-528013
ルーム450ドル〜　全338室
Jp.kahalaresort.com

レンタカーなしでも
オアフ島は自由自在。
ひとり時間の移動手段

海外旅行で緊張することのひとつが、公共交通機関を利用し
て移動する時。ハワイには残念ながら地下鉄はありません。で
もオアフ島に限れば公共のバスが運行し、島内をほぼ網羅して
います。その他に、旅行会社が運行するトロリーバス、配車ア
プリ『**ウーバー（Uber）**』、レンタサイクルを使い分ければオ
アフ島は自由自在。それぞれの利用方法のポイントと注意点を
紹介しますので参考にしてください。

空港からホテルまで、安く速く行く方法

　最も速くて確実なのはタクシー。渋滞がなければ空港からワ
イキキまで所要15 〜 20分で料金は35 〜 40ドルです。配車ア
プリ『ウーバー』の場合、時間帯によって料金が変わってきて、
だいたい20 〜 25ドル。所要時間もタクシーと変わりません。
ただし気を付けたいのは、あまり慣れていないドライバーに当
たってしまった時。ホノルル国際空港（正式名称は「ダニエル・
K・イノウエ国際空港」）は到着ロビーが2階、出発ロビーが1階。
航空会社によってターミナルの出口が離れていることもあり、
ごく稀にですがドライバーと出会えないことがあるのです。

　安くて使い勝手がいいのは、空港から各ホテルまで送り届け
てくれる『**スピーディシャトル（エアポートシャトル）**』。乗り
合い制でワイキキのホテルを順番に回るため30 〜 50分位かか

ウーバー
Uber

www.uber.com/jp/ja
※日本出発前に登録する。

スピーディシャトル
SpeediShuttle

TEL 808-342-3708（日本語）
www.speedishuttle.com/japanese-
concierge

りますが、料金は片道15ドルとタクシーの半分以下。支払いにはクレジットカートが使え、往復割引、早期WEB割引もあります。特に急がなければこれが一番リーズナブル。空港の個人用出口を出ると黒いバンがずらりと並んでいます。

2.75 ドルでどこまでも。『ザ・バス』を乗りこなす

オアフ島唯一の公共交通機関が『**ザ・バス（The Bus）**』。魅力はどこまで行っても片道2.75ドルの一律料金。オアフ島を約4時間かけて一周する路線も、ワンブロック先のバス停まででも同じ価格です。1日に何度も乗り降りする予定がある時には5.50ドルで乗り降り自由の「1デイパス」がお得。支払いは車内で現金のみとなり、お釣りが出ないので小銭を用意しておきましょう。ちなみに1カ月間乗り放題の「マンスリーパス」は70ドル。コンビニの『セブンイレブン』、アラモアナ・センターの『サテライト・シティホール』で購入できます。ザ・バスにはワイキキ〜空港間の路線もありますが、大きなスーツケースを持って乗車はできません。

ワイキキ名物、トロリーのお得な利用方法

ワイキキやホノルル周辺には様々な車体デザインのトロリーが走っています。ショッピング、ダイニング、ビーチなど目的

ザ・バス
The Bus
thebus.org

ワイキキトロリー
Waikiki Trolley
jp.waikikitrolley.com

と方面別に6つのラインがあるのが『**ワイキキトロリー**』。主要観光地を網羅しているから効率よく回れ、乗車券を購入すれば誰でも乗れます。全ライン乗り放題の1日券45ドル、4日券65ドル、7日券75ドル。1日券はずいぶん高く思えますが、「2日目無料キャンペーン」があり、実質は2日券のお値段です。

　一方、旅行会社が運行するトロリーは、各社のツアー利用客が乗車できるというもの。間違って別の旅行会社のトロリーに乗ろうとして拒否された経験がある人も少なくないでしょう。路線や車体のデザインに工夫を凝らし各社が凌ぎを削るなか、唯一ツアー客でなくても乗れるのがエイチ・アイ・エスの『**レアレアトロリー**』。乗り放題のパスを購入すればよく、「1日乗り放題」29ドルの他、7日、14日のパスがあります。

ちょい乗り感覚が楽しい自転車『ビキ』

　ホノルル内に設置された130カ所のストップで自由に借りたり返したりできるレンタサイクル『**ビキ（biki）**』。ザ・バスに乗るほどではないけれど歩くには遠い場所や、「ちょっとそこまで」という時、タウン散策にとても便利です。水色のキオスク（スタンド）と自転車が並んでいる駐輪場が目印。料金は30分以内4ドル、300分25ドル。操作パネルには日本語表示もあるから安心。支払いにはクレジットカードが必要です。

レアレアトロリー
Lea Lea Trolley
www.lealeaweb.com/trolley

ビキ
biki
gobiki.org/japanese

美味しいもの、
かわいいものが
見つかる！　今が旬の
モンサラット通りへ

オアフ島滞在中、ワイキキとアラモアナは定番中の定番。ここから少し行動範囲を広げてショッピングや食事を楽しんでみてはいかがでしょう。ローカルの気分も味わえて新しいスポットが続々と登場している"旬のストリート"が、モンサラット通り。ホノルル動物園とカピオラニ公園の間を縫うように走る通りです。ワイキキのクヒオ通りからザ・バスで行けますが、街路樹が木陰を作る最も気持ちいい公園内を素通りすることになり、私は歩いていくことが多いです。レンタサイクル『ビキ』（P.71）を利用すると、気になるお店をチェックしやすいでしょう。ダイヤモンドヘッドに登った帰りや、土曜日の『KCCファーマーズマーケット』（P.140）に出掛けた後、散策しながらワイキキまで歩いている人も見かけます。この通りの店は閉店時間が早いので、買いものも食事も明るいうちに。

実用的で大人かわいいビーチアイテムや雑貨を探す

のぞいてみたいショップは3軒。ひときわ目を引く水色の一軒家が、セレクトショップの『**ダイヤモンドヘッド・ビーチ・ハウス**』。かわいいけれどチープさを感じさせないビーチスタイルやカジュアルウェアが見つかります。少し下ったところに

ダイヤモンドヘッド・ビーチ・ハウス
Diamond Head Beach House

MAP：P.153／ホノルル
3128-B Monsarrat Ave., Honolulu
TEL 808-737-8667
8:30 ～ 18:00（日曜は10:00 ～ 17:00）
無休
www.diamondheadbeachhouse.com

**ジェイムス・
アフター・ビーチ・クラブ**
James After Beach Club

MAP：P.153／ホノルル
3045 Monsarrat Ave., Honolulu
TEL 808-737-8982
10:00 ～ 16:00　無休
www.james-hawaii.com

あるのが『プアラニ・ハワイ・ビーチウェア』（P.133）。この店の水着、本当に優秀なんです。ここでは語り尽くせないので、後ほどたっぷりご紹介しますね。メンズ、レディスのカジュアルウェアとともに雑貨が充実しているのが**『ジェイムス・アフター・ビーチ・クラブ』**。オリジナルブランド「デリシャス」のアロハシャツはシックなプリント柄が素敵。生地や縫製もしっかりしているので、年配の男性が着ても軽々しい印象になりません。カジュアルウェアのお店なのに必ず1〜2枚買ってしまうのが、ハワイらしいイラストが描かれたキッチンタオル。お土産にするととても喜ばれ、私も自宅で愛用しています。

毎日でも通いたいカフェとプレートランチ店

　モンサラット通りはカフェとプレートランチ店の激戦区。新旧の人気店が凌ぎを削るなか、ボリュームたっぷりのメニューでロコに愛されているのが**『ダイヤモンドヘッド・マーケット＆グリル』**。オープンして17年ほどですが、すでに老舗の風格です。ベーカリーのクリームチーズスコーンも名物メニュー。ダース単位で箱買いしていく人が多く、焼き上がったそばから売れていきます。日本人オーナーシェフ、ノリさんの料理が評

ダイヤモンドヘッド・
マーケット＆グリル
Diamond Head Market & Grill

MAP: P.153 ／ホノルル
3158 Monsarrat Ave., Honolulu
TEL 808-732-0077
7:00 〜 21:00
無休
www.diamondheadmarket.com

パイオニア・サルーン
Pioneer Saloon

MAP: P.153 ／ホノルル
3046 Monsarrat Ave., Honolulu
TEL 808-732-4001
11:00 〜 20:00
無休

判なのが『**パイオニア・サルーン**』。「ハワイのプレートランチは量ばかり多く味の方は今ひとつ……」という印象が、この店の登場によって覆されました。程よいボリュームと繊細な味に、ワイキキから毎日通ってくる人もいるほどです。アヒポケ丼、メンチカツ、ショウガ焼きの他、カレーも美味。訪れるたびにメニューが増え、毎回訪れるのが楽しみです。カカアコ（P.84）の『ソルト』に2号店ができています。

　『アサイボウル』人気の火付け役『**ボガーツ・カフェ**』は、『ジェイムス・アフター・ビーチクラブ』の隣。最近改装をしてお店が広くなり、アルコールメニューも提供するようになりました。ここ、朝食の店のように思われていますが、パンケーキ、ベーグル以外にフライドライスやパスタも美味しいんですよ。ダイヤモンドヘッドを眺めながら過ごせるのが『**カフェ・モーレイズ**』。窓が大きくて気持ちいい風が通り抜ける店には、ビーチ帰りのサーファーも立ち寄ります。そんなローカルな雰囲気を味わいたかったら、週末を狙って訪れてみて。他にもスフレパンケーキが美味しい『サニーデイズ』など、話題の店が軒を連ねます。通りの端から端までゆっくり歩いて20〜30分。自分の足でお気に入りを見つけてください。

ボガーツ・カフェ
Bogart's Café

MAP: P.153 ／ホノルル
3045 Monsarrat Ave., Honolulu
TEL 808-739-0999
7:00 〜 15:00　無休
bogartscafe.webs.com

カフェ・モーレイズ
Cafe Morey's

MAP:P153 ／ホノルル
3106 Monsarrat Ave., Honolulu
TEL808-200-1995
7:00 〜 14:45（L.O.14:00）
無休
cafe-moreys.com

ちょっとディープな
ローカル気分を味わう
カパフル通りで
食べたいもの

ワイキキの市街地とカピオラニ公園を隔てるカパフル通り。ビーチから離れ北上するに従って、だんだんローカル色が濃くなってきます。アラワイ運河を過ぎ、左側にゴルフコースが広がる辺りから、本当のカパフルらしい雰囲気になってきます。

老舗ローカル食堂の今、むかし

　まず見えてくるのが、1961年創業のプレートランチ店『**レインボー・ドライブイン**』。ハワイ初心者の頃、「ここでロコモコを食べて、レインボーの看板の前で写真を撮って……」と思ったものです。さすがにフルサイズは多すぎ、もし注文するならミニサイズを。ゴルフ場の緑が途切れたあたりに、いつも行列ができていたハワイ料理の『オノ・ハワイアン・フード』を覚えている人もいるでしょう。残念ながらクローズしてしまいましたが、現在はオーナーが代わり『**ダ・オノ・ハワイアンフード**』の名で再オープン。以前と変わらぬ味を提供しています。見た目が地味で華やかさに欠けるものの、回を重ねるうちにじわじわと好きになっていくのがハワイ料理。苦手な人が多いタロイモをつぶして発酵させた「ポイ」も、やや塩気が強いカルアピッグやロミサーモンと一緒に食べると、まったりした食感

レインボー・ドライブイン
Rainbow Drive-In

MAP: P.153 ／ホノルル
3308 Kanaina Ave., Honolulu
TEL 808-737-0177
7:00 〜 21:00
無休
rainbowdrivein.com

ダ・オノ・ハワイアンフード
Da Ono Hawaiian Foods

MAP: P.153 ／ホノルル
726 Kapahulu Ave., Honolulu
TEL 808-773-0006
11:00 〜 21:00
無休

と酸味がよく合って思わぬ美味しさ。クレソンがたっぷりのったスープ「ソルトミートウォータークレス」には、ご飯を入れおじや風に。セットメニューはひとりでは食べきれないため、単品の注文をおすすめします。

ハワイを代表するスイーツ、ひんやりと熱々を食べ比べ

近頃はヘルシー志向のシェイブアイス(かき氷)が増えているけれど、極彩色のシェイブアイスが無性に食べたくなることはありませんか。カパフル通りから少し入ったところにある『**ワイオラ・シェイブアイス**』につい立ち寄ってしまうのは、子供の頃の夏休みを思い出す懐かしさのせいかも。Tシャツと短パン、ビーサンをつっかけてきたロコの姿にほっとするのかもしれません。自家製アズキをたっぷりのせた「アズキボウル」に紅白のモチをトッピングするのがお気に入り。天気が悪いと営業してないことがありますが、「We're close, it's raining」なんて貼り紙を見ると、ほのぼのとしてくすりと笑ってしまいます。

「マラサダ」は、もともとポルトガルのお菓子。1952年、ポルトガル移民のオーナーが創業した『**レナーズ・ベーカリー**』で初めて販売され、今ではハワイを代表するスイーツのひとつ

ワイオラ・シェイブアイス
Waiola Shave Ice

MAP:P.153 ／ホノルル
3113 Mokihana St., Honolulu
TEL 808-735-8886
11:00 〜 17:45
(季節、天候により変動あり)
無休

レナーズ・ベーカリー
Leonard's Bakery

MAP: P.153 ／ホノルル
933 Kapahulu Ave., Honolulu
TEL 808 737-5591
5:30 〜 22:00 (金・土曜は〜 23:00)
無休
www.leonardshawaii.com

になりました。作り置きはせず揚げたてを出してくれるので、店の外のベンチに座って熱々のうちに食べましょう。店の前にトロリーの停留所があるため一時的に行列ができることがありますが、15分くらい待っていれば空いてきます。なかなか引きそうにない時は、斜め向かいにあるスーパー『セイフウェイ』で涼みながらぶらぶらするのもいいですよ。

ローカル食材を使ったヘルシーメニューを味わうなら

『セイフウェイ』の向かい側にあるのが『**カイマナ・ファーム・カフェ**』。数人が座れる大テーブルがあるので、ひとりでも利用しやすい店です。オーナーのジュンコさんは、カフェ好きが高じこの店を始めたそう。地元の農家をサポートする目的もあり、野菜や卵はできる限りハワイ産のオーガニック食材を使っています。ヒジキ、レンコン、豆腐など日本人が食べ慣れた食材が多く、全体的に薄味で食べるとホッとします。

カパフル通りには世界一のコレクション数を誇るアロハシャツ専門店『ベイリーズ・アンティーク＆アロハシャツ』があります。通りの終点に近い『サウスショア・ペーパリー』（P.136）も、ペーパーグッズ好きにはたまらないお店です。

カイマナ・ファーム・カフェ
Kaimana Farm Café

MAP: P.153 ／ホノルル
845 Kapahulu Ave., Honolulu
TEL 808-737-2840
8:30 〜 14:30（土・日曜は8:00 〜）
火曜休
www.kaimanafarmcafehawaii.com

カイムキでは
暮らす気分で
カフェやレストランを
ホッピング

ワイキキの東側、ダイヤモンドヘッド北側の傾斜地に開けたカイムキは、自分が暮らす街を歩くように過ごしてみたいところ。閑静な住宅街には古くから地元の人に親しまれているレストランやカフェとともに、気鋭のシェフが新たな店をオープンさせる場所としても知られています。カジュアルな店から高級店、ヴィーガンカフェ、和食、スイーツまでほぼあらゆる食のジャンルが揃います。ココヘッド通りを上りきったところにある『カイムキ消防署』、石造りの外壁と三角屋根がお伽話の世界を思わせる『エピファニー教会』など、可愛らしい建物も点在。ワイアラエ通りの両側に交差する道を行ったり来たりしながら歩いてみてください。『ハワイ大学マノア校』（P.29）が近いため学生も多く、彼らがよく利用する『コーヒートーク』、スムージーのジューススタンド『レアヒヘルス』など、喉が渇いたら立ち寄りたいスポットにも事欠きません。

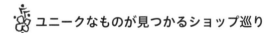 ユニークなものが見つかるショップ巡り

　私自身、長期滞在の時はこの街の友人宅にホームステイ（つまり居候）させてもらうことがあり、時間が空いた時にのぞくことが多いのが『**シュガーケイン**』というセレクトショップ。

シュガーケイン
Sugarcane

AP: P.153 ／ホノルル
1137 11th Ave., #101, Honolulu
TEL 808-739-2263
10:30 〜 18:00
無休

クラックシード・ストア
Crack Seed Store

MAP: P.153 ／ホノルル
1156 Koko Head Ave., Honolulu
TEL 808-737-1022
9:30 〜 17:30
日・月曜休

ロコ手作りの雑貨の他、アンティークや古着も少し。もう1軒はワイアラエ通りのアンティークショップ『サーフィン・フラ・ハワイ』（P.136）。目的のものはなくても、何となくふらりと立ち寄ってしまう店です。同じ通りに『グッドウィル』というユーズドショップがあり、松葉杖とか、使いかけの化粧品とか、考えられないものが売っていて、こちらも冷かすだけで楽しいですよ。ハワイ版駄菓子屋が『**クラックシード・ストア**』。ハワイでは子供も大人も大好きな「リヒムイ」という梅干しのミイラみたいなお菓子を量り売りしてくれます。

ホノルルのグルメストリートで何食べる？

　カイムキには、美味しいもの目当てに訪れる人が多いと思います。ブランチなら『ココヘッド・カフェ』（P.109）。カイルア（P.100）に本店を持つ『モケズ』の2号店も最近オープンしました。甘酸っぱいリリコイソースがとろ～りかかった看板メニューのパンケーキを、カイルアまで行かなくても食べられます。

　カイムキといえばハワイのオーガニックブームの火付け役ともいえるレストラン『タウン』発祥の地。ディナータイムのみの営業なので、ひとりで行くなら姉妹店のヘルシーデリ『**カイ**

カイムキ・スプレット
Kaimuki Superette

MAP: P.153 ／ホノルル
3458 Waialae Ave., Honolulu
TEL 808-734-7800
7:30 ～ 14:30
日曜休
www.kaimukisuperette.com

ヴィーガン・ヒルズ
Vigan Hills

MAP: P.153 ／ホノルル
3585 Waialae Ave., Honolulu
TEL 808-200-4488
10:00 ～ 15:00（最終日曜は18:00 ～ 21:00にライブショーとブブメニューあり）
火曜休

ムキ・スプレット』へ。野菜やフルーツをたっぷり使ったメニューから好みの料理を選び、プレートランチをカスタマイズできます。窓際のカウンター席で通りを眺めながらのんびり過ごしたい店です。ヴィーガンカフェの『ヴィーガン・ヒルズ』は、キング通りにある『ピースカフェ』を立ち上げた女性が手掛けた店。ヘルシーメニューとともに、お酒も楽しめます。

最近では2〜3年に一度しか訪れる機会がありませんが、毎回「やっぱり美味しいな」と初めて訪れた時の感動が蘇るのがフレンチの『カフェ・ミロ』です。スモールポーションのコースメニュー「フルール」がちょうどいいボリューム。アットホームな店なので、ひとりディナーも淋しくありません。

ハワイ一、美味しい！と評判のポケを食べずには帰れない

カイムキに滞在していて最もよく行く店は、スーパー以外では『タムラズ』かもしれません。お酒とグルメフードを扱い、この店の「ポケ」(ハワイ風刺身)はハワイのグルメライターも絶賛。10種類以上の味付けがあり、まず生マグロを自家製のタレに漬けた「アイランド・イナモリ」を試してみてください。好みのポケをご飯にのせた「ポケ丼」のオーダーもできます。

カフェ・ミロ
Cafe Miro

MAP: P.153 ／ホノルル
3446 Waialae Ave., Honolulu
TEL 808-734-2737
17:30 〜 22:30
月曜休
cafemirohawaii.com

**タムラズ・
ファイン・ワイン＆リカーズ**
Tamura's Fine Wines & Liquors

MAP: P.153 ／ホノルル
3496 Waialae Ave., Honolulu
TEL 808-735-7100
9:30 〜 21:00 (日曜は〜 20:00)
無休
www.tamurasfinewine.com

いつ訪れても新しい！
ハワイの情報発信地
ワードビレッジ＆カカアコ

ハワイで今、最も変化が激しい街がワードビレッジ＆カカアコ。年に何回か足を運んでいても、変化に付いて行けないくらい訪れるたびに何かが変わっています。新しいものばかり追いかける必要もないのだけれど、ここに来るとやっぱりワクワクするのは、ロコのクリエーターたちの熱量みたいなものが伝わってくるのが刺激になるからかもしれません。

　二つのエリアは一緒にされることが多いですが、雰囲気が違います。アラモアナ・センターに隣接し、ワード・センターやシネマコンプレックスなど、もともと地元の人に人気があったショッピング＆エンターテインメント施設があるエリアの総称が「ワードビレッジ」。米国の大手ディベロッパーが開発を手掛け、高級レジデンスの建設に合わせ、公園の整備が行われています。2018年には『ホールフーズ・マーケット』の中でハワイ最大の規模となる『ホールフーズ・マーケット クイーン』（P.124）がオープンして話題となりました。

　もう一方のカカアコは、ワード通りから西のダウンタウンまでのエリア。古い倉庫街を改装したカフェやショップをオープンしたり、定期的に描き替えられるウォールアートを目当てに、人が集まるようになりました。

　このエリアにはモノレールが乗り入れることが決まっています。西オアフのカポレイからホノルル空港、ダウンタウンを経てカカアコ、ワードビレッジ、さらにアラモアナ・センターまで繋がる予定。当初の計画では既に一部開通しているはずなのですが、そこはハワイ時間。気長に待つことにしましょう。

個性的なセンターを使い分ける

　ワードビレッジで老舗的存在のショッピングセンターが『ワードセンター』。食ではグルメプレートランチの『カカアコキッチン』、ダウンタウンの創作ベトナム料理『ザ・ピッグ＆ザ・レディ』の姉妹店『ピギー・スモールズ』(P.114)が二大人気店。ショップでチェックしたいのは、スピリチュアル専門店『**セドナ**』。パワーストーンのブレスレットをオーダーでき、願い事が叶う（かもしれない）アロマキャンドルやアロマオイルなど、ちょっと気になるアイテムが並びます。『サウスショア・マーケット』は2016年にオープンした比較的新しいショッピングセンター。ハワイのクリエーターに特化したお店が多いのが特徴です。古くから伝わるハワイの神話や文化、生活に密着した動植物などをモチーフにデザインされた、モダンスタイルのハワイ発ブランド『ケアロピコ』(P.128)や、若手クリエーターの作品を発掘して紹介している『**モリ・バイ・アート＋フリー**』などが注目店です。

　ワードビレッジには他にも、アウトドアショップの『パタゴニア』、有名ブランドが割引価格で手に入る大型オフプライス・

セドナ
Sedona

MAP：P.152／ホノルル
1200 Ala Moana Blvd., Honolulu
（ワードセンター内）
TEL 808-591-8010
10:00 ～ 21:00（日曜は～ 18:00）
無休
sedona-hi.com

モリ・バイ・アート＋フリー
MORI by Art + Flea

MAP：P.152／ホノルル
1170 Auahi St., Honolulu（サウスショア・マ ケット内）
TEL 808-593-8958
10:00 ～ 21:00（日曜は～ 18:00）　無休
morihawaii.com

ストア『T.J.マックス』と『ノードストローム・ラック』があり、ショッピングの楽しさには事欠きません。お買いものが目当てなら、歩きやすい靴に履き替えて繰り出しましょう。

ウォールアート巡りと新ショップ発掘が楽しいカカアコ

かつて倉庫街だったカカアコ。ウォールアートの出現により、ツーリストが押し寄せる観光スポットに変わったのはここ数年のこと。常設のものもありますが、ほとんどが毎年2月に「パウワウ・ハワイ（Pow! Wow! Hawaii）」というプロジェクトによって描き替えられています。つまり期間限定の野外ミュージアム。倉庫街自体も取り壊されコンドミニアムに建て替えられる予定があり、今のうちにぜひ見ておきたい場所です。その中に誕生した複合施設が『ソルト』。まだお店の入れ替わりもあったりして現在進行中といったところでしょうか。しかし、そのラインナップはフィルムカメラの専門店『ツリーハウス』、中古レコード店『ハングリー・イヤー・レコード』、ボタニカルブティック『パイコ』など、かなりマニアックでとんがっています。話題となっているのが、精肉店が手掛けるソーセージとデリの店『**ブッチャー＆バード**』。ハワイで育った牧草牛や

ブッチャー＆バード
Butcher & Bird
MAP: P.152 ／ホノルル
324 Coral St., Honolulu（ソルト2F）
TEL 808-762-8095
11:00 ～ 20:00(日曜は～ 15:00)
無休
www.butcherandbird.com

豚肉を使ったサンドイッチ、ハンバーガーとともに自家製のソーセージやピクルスを販売し、イートインスペースからウォールアートを眺めながら食事ができます。アルコールの提供はないため、ビールを飲みながら食べたい時は別のお店で調達してから行きましょう。以前は『パイコ』と同じスペースにあったオーストラリアン・スタイルのカフェ『アーヴォ・カフェ』がロケーションを変えて再オープン。美しいラテアートを施したカフェラテや、エディブルフラワーを散らしたオープンサンドをまた楽しめるようになりました。

スクリーンから現れる美しいグラデーションに見とれる

ウォールアート巡りの傍ら、倉庫街に点在する個性あふれるショップを発掘しながら歩くのも、カカアコの楽しみ方です。家具やアート作品から洋服、手作りコスメなど、他にはないユニークなものが見つかるセレクトショップが『フィッシュケイク』。店内にはマノアの人気カフェ『モーニング・グラス・コーヒー』があり、コーヒーブレイクを兼ねて立ち寄るといいでしょう。ぜひとも訪れていただきたいのが、シルクスクリーンの下から美しいシャドープリントが現れる瞬間を眺められる

アーヴォ・カフェ
Arvo Cafe

MAP: P.152 ／ホノルル
TEL 808-312-3979
324 Coral St., Honolulu （ソルト1F）
7:30 〜 17:00（土曜は8:30 〜 17:00、
日曜は8:30 〜 16:00）
無休
www.arvocafe.com

フィッシュケイク
Fishcake

MAP: P.152 ／ホノルル
307 C. Kamani St., Honolulu
TEL 808-593-1231
9:00 〜 17:00（土曜は10:00 〜 16:00）
日曜休
www.fishcake.us

『ジャナ・ラム・スタジオ+ショップ』。ハワイ生まれの『ジャナ・ラム』はセレクトショップで引っ張りだこの人気を誇るバッグ。オーナーでデザイナーのジャナさんはじめ7人の女性スタッフにより、ここで手作りされています。1枚1枚ハンドプリントされていく様子は、まるで魔法を見ているよう。同じ柄でも色やグラデーションが微妙に異なり、刷り上がるたびその美しさに思わずため息が漏れます。制作現場を見ながらバッグを選ぶ楽しさは、他のお店では味わえません。布製バッグにしては高めの値段とはいえ、100％ハワイメイド。一つひとつこのスタジオで手作りしていることと、丁寧な仕上がりを見れば納得です。

昼飲みにもってこいのクラフト・ブリュワリー

カカアコに来ると、クラフトビールの『ホノルル・ビアワークス』にも必ず立ち寄ります。元は縫製工場だった場所を改装した店の奥にブリュワリーがあり、ここから出来立てのビールが届きます。いろいろ飲み比べるなら、好みのビールを4オンス（120ml）ずつ選べるサンプラーがおすすめ。食事もできますが、このあたりは暗くなると人通りが少なくなるため、明るいうちにサクッと飲んで帰るのがいいでしょう。

ジャナ・ラム・スタジオ+ショップ
Jana Lam Studio + Shop

MAP: P.152／ホノルル
851 Pohukaina St., #C11, Honolulu
TEL 808-888-5044
10:00 ～ 17:00（土曜は～ 16:00）
日曜休
www.janalam.com

ホノルル・ビアワークス
Honolulu Beerworks

MAP: P.152／ホノルル
328 Cooke St., Honolulu
TEL 808-589-2337
11:00 ～ 22:00（金・土曜は～ 24:00）
日曜休
www.honolulubeerworks.com

通りが変われば
景色も変わる。
万華鏡のような
ダウンタウン

ダウンタウンは州庁舎、裁判所やビジネスビルが並ぶハワイの政治と経済の中心。歴史的建造物も多く残り、ミュージアム巡りでご紹介した『イオラニ宮殿』（P.11）の他、史跡、教会など建築物好きでなくても見どころがいっぱいです。古い建物を利用したセレクトショップやギャラリー、カフェも多く、アーティストが集まることでも知られています。カカアコ（P.84）に比べるとカルチャー色をより強く感じるかもしれません。通りを1本隔てればホノルル市民の台所、チャイナタウン。万華鏡のようにくるくる変わる街の景色を楽しみたいところです。

治安が良くないイメージがありますが、明るい時間帯なら大丈夫。ただし夕方以降と、オフィスがお休みの土・日曜は人通りが少なくなるので、訪れるなら平日の昼間をおすすめします。

歴女でなくても訪ねたい歴史的建造物

ダウンタウンの象徴といえば、最高裁判所前に立つカメハメハ大王像。毎年、生誕の日とされている6月11日には5.5mの高さの像が地面に届くほど長いレイで飾られ、全身にレイをまとった大王の姿は壮観です。ところでハワイには大王の像が全部で3体あることを知っていますか。大王像は1880年にパリで制作されホノルルに送られましたが、輸送の途中で船が沈没し海に沈んでしまったのです。急きょ制作された2体目がダウンタウンにあるこの像。海に沈んだ1体目は後に無事に発見され、大王生誕の地、ハワイ島のカパアウに設置されています。3体目はハワイ島ヒロにあり、1998年に完成しました。

ハワイの政治機能の中枢が『ハワイ州庁舎』。ここは建築物としても素晴らしく、中央の吹き抜けの円錐形は火山を、空に向かって描かれた美しい曲線はカヌーを、柱はパームツリーをイメージし、ハワイの自然や人々の歴史そのものを表しているのだそうです。内部も公開していて、州知事の執務室、会見用デスクなども使用中でなければ中まで入って見ることができます。平日の午後1時からは、ガイドツアーも実施しています。

フラをはじめミュージカルやコンサートが上演される演劇の中心が『ハワイシアター』。1922年の建設当時、アーチ形の窓が並ぶ美しい外観は「Pride of Pacific（大平洋の至宝）」と称賛されました。ここでも内部を公開するシアターツアーを実施しています。他にもステンドグラスが美しい『聖アンドリュー大聖堂』と修道院の回廊も訪れてみたいところ。静寂に包まれた敷地内では、ヨーロッパの古い都市を訪れた気分になれます。

混沌とした雰囲気が面白いチャイナタウン

『ハワイシアター』を過ぎたあたりから通りの表示が英語と中国語併記になり、建物の雰囲気が少しずつ変化してくるのを感じます。強い意志を秘めた視線が印象的なポリネシア女性を描

ハワイ州庁舎
Hawaii State Capitol Building

MAP: P152 ／ダウンタウン
415 S.Beretania St., Honolulu
TEL 808-586-0178
7:45 ～ 16:30　土・日曜休
governor.hawaii.gov/hawaii-state-capitol-tours

ハワイシアター
Hawaii Theatre

MAP: P152 ／ダウンタウン
1130 Bethel St., Honolulu
TEL 808-528-0506
シアターツアー：毎月第1火曜11:00 ～、
参加費10ドル（劇場使用時は中止）
www.hawaiitheatre.com/thetheatre/docent-tours

くことで知られるペギー・ホッパーのギャラリー『**ザ・ペギー・ホッパー・ギャラリー**』があるのもこのあたり。80歳を過ぎてなお精力的に描き続ける彼女のパワーが伝わってきて、元気をもらえる場所です。一角にあるチャイナタウンは、アジアの市場街のような場所。極彩色の看板を掲げた怪しげな土産物屋もちらほら。『マウナケア・マーケットプレイス』『ケカウリケマーケット』という市場にも入ってみてください。また、レイショップが並ぶマウナケア通りを午前中に訪れると、店先で女性たちがレイを作る姿をのぞけます。1本20ドル前後から買えるから、滞在中のホテルの部屋に飾ってもいいですね。

夜のダウンタウンを安全に楽しめるイベントへ

日没後のダウンタウンを安全に楽しめるのが、毎月第1金曜に開催される『**ファーストフライデー・ホノルル**』。ミュージアムやアートギャラリー、ショップが夜遅くまでオープンし、レセプションやアーティストイベントを行っています。12〜1月に訪れるなら『**ホノルルシティライツ**』というイルミネーションイベントが必見。ザ・バスでも行けるし、ワイキキからのトロリーツアーに参加すると効率よく見どころを回れます。

ザ・ペギー・ホッパー・ギャラリー
The Pegge Hopper Gallery

MAP: P152 ／ダウンタウン
1164 Nuuanu Ave., Honolulu
TEL 808-524-1160
11:00 〜 16:00（土曜は〜 15:00）
日・月曜休
www.peggehopper.com

ファーストフライデー・ホノルル
First Friday Honolulu

第1金曜17:00 〜 21:00ごろ
www.firstfridayhawaii.com

ホノルルシティライツ
Honolulu City Lights

12月上旬〜 1月第1週(予定)
www.honolulucitylights.org

小さな町へワンデートリップ。
サーファーが集う
ノースショアのハレイワへ

かつてサトウキビやパイナップルのプランテーションで栄え
たオアフ島北部のノースショア。サーファーの町として知られ
るハレイワには、1900年代に建てられた木造建築が当時の名
残を今に伝えています。カイルア（P.100）がおしゃれなビー
チタウンなら、ここはどこか懐かしいオールドタウンといった
ところでしょうか。「マツモト」「アオキ」など日本人の名前が
残る店や建物が点在していることも、かつての日系移民の姿に
重なり、ノスタルジックな気分になれるのかもしれません。

ハレイワまでザ・バスで行くには？

　ワイキキ内のホテルに滞在している場合、まずアラモアナ・
センターまで行き、山側の停留所から「52番」のバスに乗り
ます。ハレイワまでは1時間30分〜45分。途中『ドール・プ
ランテーション』で下車して、名物の「パイナップルソフト」
を食べるのもいいかも。ドールを過ぎて坂を上りきると、パイ
ナップル畑を一直線に走るハイウェイの前方に海が見えてきま
す。高い波を求めて世界中のサーファーが集まってくる冬場は
遠くからでも白波が立つ様子がわかり、ワイキキとは全く異な
る雄大な光景に気持ちが高まってくるはずです。帰りは「HO
NOLULU ／ ALA MOANA CTR」と表示があるザ・バスに。同
じ「52番」でもその他の表示はダウンタウン止まりとなり、
乗り換えが必要です。バスの本数は30分に1本程度。ハレイワ
からの終バスは19時台までありますが、渋滞があると時間通
りに来ないこともあり、遅くとも17時までには帰りのバスに

乗るようにしたいものです。

変わらない町並みにほっとできる場所

　最近では古い建物が建て替わったり、セレクトショップやアートギャラリーが増えてどんどんおしゃれ化しているハレイワ。そんな中にあって変わらないのが『ノースショア・マーケットプレイス』です。他の店は素通りしても、必ず訪れるのがアウトドアショップの『**パタゴニア**』。ホノルルのワードビレッジ（P.84）にも直営店があるけれど、のびのびと枝を広げたモンキーポッドが木陰を作る、この店の佇まいがノースらしくてとても好きなのです。ハレイワ店の限定Tシャツやトートバッグの新しいデザインをチェックしたり、ウッドデッキのベンチで昼寝をしている白黒鉢割れの猫ちゃんに会うのも楽しみです。

　ハレイワの名物店、シェイブアイスの生みの親でもある『マツモト・シェイブアイス』がある辺りは数年前、『**ハレイワ・ストア・ロッツ**』というショッピングモールに建て替わりました。ハレイワの雰囲気が変わってしまうのではないかと心配していましたが、シャビーシックな建物が古い町並みにうまく馴染んで、なかなかいい感じです。雨が降るとぬかるんでいた駐

パタゴニア
Patagonia

MAP: P.150 ／ハレイワ
66-250 Kamehameha Hwy., Haleiwa
（ノースショア・マーケットプレイス内）
TEL 808-637-1245
10:00 ～ 18:00　無休
www.patagonia.com

ハレイワ・ストア・ロッツ
Haleiwa Store Lots

AP: P.150 ／ハレイワ
66-111 Kamehameha Hwy., Haleiwa
TEL 808-523-8320
※営業時間は店舗により異なる。
無休
www.haleiwastorelots.com

車場や中庭も整備され、木陰のベンチに座ってシェイブアイスを食べられるようになりました。

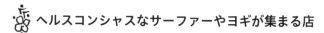 ヘルスコンシャスなサーファーやヨギが集まる店

　健康志向の人が通うスーパーとしては、『ダウン・トゥ・アース』（P.32）、『ホールフーズ・マーケット』がお馴染みですが、ハワイのオーガニック・スーパーはここハレイワが発祥。1974年創業の『セレスティアル・ナチュラル・フーズ』が始まりといわれ、現在でもこの地の自然に惹かれて移り住んだサーファーやアーティストの暮らしになくてはならない存在です。オーガニックの野菜やフルーツ、ヴィーガンのヨーグルト、遺伝子組み換えなしの大豆を使った豆腐、フェアトレードコットンのサニタリー用品やオーガニックコスメなど、かなりストイックな品揃え。とても小さな店ですが、ホノルルの大型店にはない面白い商品が見つかったりもします。

　以前はこの店の一角にあり、あまりの人気にすぐ隣に独立した店を構えたのが、ベジタリアンフードのプレートランチを提供する『ザ・ビートボックス・カフェ』。肉を使わないパテを挟んだハンバーガー、豆腐と野菜のカレー、アボカドとフェイ

セレスティアル・ナチュラル・フーズ
Celestial Natural Foods

MAP: P.150 ／ハレイワ
66-443 Kamehameha Hwy., Haleiwa
TEL 808-637-6729
9:00 〜 19:00（日曜は〜 17:00）
無休

ザ・ビートボックス・カフェ
The Beet Box Cafe

MAP: P.150 ／ハレイワ
66-437 Kamehameha Hwy., Haleiwa
TEL 808-637-3000
7:00 〜 16:00
無休
www.thebeetboxcafe.com

クベーコンを挟んだサンドイッチは、肉なしとは思えない美味しさと食べ応え。グルテンフリーのベーグルも人気があります。海から上がった腹ペコのサーファーたちがやって来る10時以降からランチタイムは大混雑。早めの時間にここで朝食を済ませ、ハレイワタウン散策に出掛けることをおすすめします。そうすれば午後には程よくおなかが空いてきて、ガーリックシュリンプやフリフリチキンにかぶりつけますよ。

ノースショアの三大グルメを味わう

　ヘルシーなご飯は魅力的だけど、ノースショアへ来たら食べてみたいのが、ガーリックシュリンプ、フリフリチキン、シェイブアイスの3つ。ガーリックシュリンプのフードトラックがいくつもあるなか、アクセスが便利で確実に美味しいのは町の入り口にある『**ジョバンニ・アロハ・シュリンプ**』。落書きだらけの白いトラックにいつも行列ができているのですぐ見つけられます。プリップリのエビは手づかみで食べたほうが絶対に美味しく、ウェットティッシュも用意していくといいですよ。

　もうひとつは、「フリフリチキン」とも呼ばれる『**レイズ・キアヴェ・ブロイルド・チキン**』の鶏の丸焼き。土・日曜限定

ジョバンニ・アロハ・シュリンプ
Giovanni's Aloha Shrimp

MAP: P.150 ／ハレイワ
66-472 Kamehameha Hwy., Haleiwa
TEL 808-293-1839
10:30 ～ 17:00
無休
www.giovannisshrimptruck.com

レイズ・キアヴェ・
ブロイルド・チキン
Ray's Kiawe Broiled Chicken

MAP: P.150 ／ハレイワ
66-190 Kamehameha Hwy., Haleiwa
TEL 808-351-6258
土・日曜9:00 ～ 16:00
月～金曜休

でオープンし、もくもくと上がる煙とともにいい匂いが漂って
くるので、こちらもすぐにわかります。串に刺され行儀よく並
んだ丸鶏が、炭火の上でぐるぐると回されている様子はちょっ
とかわいそうではありますが、こんがり色付いていくのを眺め
ているうち食欲が刺激されてくるはず。ホールとハーフがあり、
ひとりならハーフで十分です。歩き疲れて喉がカラカラになっ
た時に食べたいのが、シェイブアイス。『マツモト・シェイブ
アイス』もいいけれど、『**アオキ・シェイブアイス**』のほうが、
こぢんまりとしていて落ち着けます。

野生のウミガメと出会えるビーチへ

　ノースショアでウミガメに出会えるビーチといえば、ラニア
ケア・ビーチが有名。でもザ・バスで行くには少々不便なとこ
ろ。最近、話題になっているのがハレイワの町から歩いて行け
る『**ハレイワ・アリイ・ビーチパーク**』です。『ジョバンニ・
アロハ・シュリンプ』がある辺りから、ビーチまで歩いても
30分くらい。『ハレイワ・ストア・ロッツ』からなら10分程度
です。アナフル橋から、川に浮かんでSUPを楽しむ人たちを見
下ろすのも、ハレイワならではののんびりした時間です。

アオキ・シェイブアイス
Aoki's Shave Ice

MAP: P.150 ／ハレイワ
66-082 Kamehameha Hwy., Haleiwa
TEL 808-637-7017
10:00 ～ 18:30
無休
www.aokishaveice.com

ハレイワ・アリイ・ビーチパーク
Haleiwa Alii Beach Park

MAP: P.150 ／ハレイワ

おしゃれなビーチタウン、
カイルアで
素敵なもの探し

ハワイでは各島々に点在する小さな町を訪ね歩くことがとても楽しい。町によって建物の雰囲気も、住んでいる人たちの気質も、海の色まで少しずつ違い、それを肌で感じられる楽しみがあります。オアフ島東海岸のカイルアは今、オアフ島の中で間違いなく最も人気があるスポット。毎年発表される「全米ベストビーチ」でナンバーワンに選ばれた『ラニカイ・ビーチ』と高級住宅街が隣接し、アメリカ元大統領のオバマ氏が訪れ、休暇を過ごす場所としても知られています。富裕層が多く暮らすためか、小さいけれどセンスがいいショップや、地元アーティストの作品を扱う店が多く、1軒1軒のぞいて歩くだけで時間を忘れます。食のレベルも高く、ヘルシー志向のカフェやレストランが多いことも特徴。『ハレイワ』(P.94) が "のんびり" なら、こちらは "スロー "。どちらもビーチタウンですが、その微妙な違いを肌で感じてみてください。

往復はザ・バスで、タウン散策＆ビーチは自転車で

　ワイキキからカイルアまでは『ハレイワ』(P.94) 同様、まずアラモアナ・センターまで行きます。ここから「56番」「57番」「57A番」の「KAILUA」という表示があるバスに乗り換え約40分。左側に『カラパワイ・カフェ＆デリ』の緑色の建物がある辺りが町の入り口です。帰りは反対側のバス停から「HONOLULU ／ ALA MOANA」行きに乗ります。タウン散策だけなら徒歩でほぼ回れますが、ビーチまで足を延ばすなら自転車があると便利。最近はレンタサイクルのお店が増えてきて

いるけれど、安心して利用できるのは日本人がオーナーの『**カイルア・バイシクル**』。整備が行き届いていて注意事項の説明が丁寧、オリジナルマップがとてもわかりやすく使えることもおすすめの理由です。自転車の事前予約はできず、早い人順。お昼前には全部出払ってしまうこともあるそうなので、午前中の早めの時間に訪れましょう。

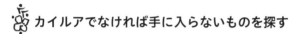 カイルアでなければ手に入らないものを探す

カイルアにはホノルルでもおなじみの『ホールフーズ・マーケット』『ダウン・トゥ・アース』(P.32)、『ターゲット』などの大型店がありますが品揃えが少し異なり、ローカルのもの、富裕層向きのものが少し多い印象です。ホノルルでサクッと下見をしてから訪れると違いがわかる上、こちらの店にしかないものが探しやすくなります。カイルアにしかない店といえば、古着から作るリメイクドレスの『**ムームーヘブン**』。人気絶頂の時期に突然クローズし、オーナーでデザイナーのデボラさんも一時期ハワイを離れていましたが、ロケーションを変えて再オープンしています。以前よりスペースはかなりコンパクトになったけれど、アットホームでとても温かい感じの店になりま

カイルア・バイシクル
Kailua Bicycle

MAP: P151 ／カイルア
18 Kainehe St., Kailua
TEL 808-261-1200
9:00 〜 17:00　無休
2時間12ドル〜 8時間22ドル
kailuabicycle.com

ムームーヘブン
Mu'umu'u Heaven

AP: P151 ／カイルア
326 Kuulei Rd., #2, Kailua
TEL 808-366-2260
10:00 〜 16:00（日曜〜 14:00）
無休
www.muumuuheaven.com

した。なによりデボラさんが店にいることが多くなったのが、一番の魅力ではないでしょうか。新しいロケーションは他にセレクトショップなど4軒が繋がっているので、ぜひ順番にのぞいてみてください。

　ニイハウシェル、サンライズシェルなど、希少な貝や自然石を使った繊細で美しいハンドメイドジュエリーが手に入るのが『**レイナイア**』。以前はピンクのワーゲンバスを駐車場に駐めてで営業していましたが、場所を移して店舗を構えました。オーナーのマキさんとおしゃべりしながら選ぶのが楽しい店です。

カイルアのランチタイムはどこを選ぶ？

　カイルアには訪れてみたいレストランやカフェが多く、どの店を選ぶかとても悩ましい問題です。パンケーキの『モケズ』や『ブーツ＆キモズ』、『プリモ』のピザ、『ナル・ヘルスバー＆カフェ』のアサイボウルも捨てがたい。あえて1軒選ぶなら『**シナモンズ・レストラン**』。おしゃれな店が続々とオープンしているカイルアにあって、ローカル食堂みたいな雰囲気が残っているところも今や貴重です。スパで紹介した『ロミロミ・ハナ・リマ』（P.47）は同じ建物の2階にあります。

レイナイア
Leinai'a
MAP: P151／カイルア
35 Kainehe St., #101, Kailua
TEL 808-312-3585
10:00 〜 18:00（日曜は〜 15:00）
月曜休、その他不定休あり
www.leinaia.com

シナモンズ・レストラン
Cinnamon's Restaurant
MAP: P151／カイルア
315 Uluniu St., Kailua
（カイルア・スクエア1F）
TEL 808-261-8724
7:00 〜 14:00　無休
cinnamons808.com

リゾートの朝は贅沢朝ご飯&ブランチを充実させる

「旅先では1食も無駄にしたくない！」と1日3食どころか、4食も5食も食べていた時期がありました。現在でも女性としてはかなり大食いの方だと自覚はありますが、さすがにそこまで食べられなくなりました。回数やお店の数より、本当に食べたいもの、美味しいと思うものを選んだ食事をするようにしています。ひとり時間の食事で重きを置いているのは、朝ご飯とブランチ。何度もしつこく書いていますが、ハワイは朝の空気が気持ちいい。この気持ちいい空気の中で、時間を気にせずゆっくり食事ができるのはなんと幸せなことでしょう。ハワイには海が見えるロケーションで味わえるホテルのレストランの他にも、朝食とブランチに特化した店がたくさんあります。十分に満足できるブレックファストタイムを過ごしたら、ランチはスルーしてディナーを早めにしてもいいでしょう。または遅めのランチを充実させて、ディナーはデリメニューなどで軽く済ませるという選択も。育ち盛りではないのだから1日3食にこだわる必要はありません。豪華レストランのディナーは友人や家族と来た時のためのお楽しみにとっておく。そういう割り切り方で食事をするのもいいと思います。

ビュッフェとアラカルト、どちらにするか迷ったら？

ひとりの時に限れば、ビュッフェよりアラカルトを選びます。朝食ビュッフェには確かに魅力的な料理が並び、何人かでわいわい言いながら食べるのは楽しい。でもひとりだと、いちいち貴重品を持って席を立ち料理を取りに行くより、フルサービス

でゆっくり味わいたいというのが理由です。

　ロケーションも雰囲気も、もちろんお料理も素晴らしいのが『ハレクラニ』（P.67）の『**オーキッズ**』。朝食に訪れたゲストにはバナナ、ケール、ストロベリーなどその日の新鮮なフルーツと野菜で作ったスムージーが無料サービスされます。おすすめは、ローストしたバナナをリコッタチーズ入りのパンケーキ生地で巻いた「フォールドリコッタバナナパンケーキ」。ハワイ産のオーガニックハニーをたっぷりかけてあります。卵料理は全卵と卵白だけのどちらかを選べ、カロリーが気になる人にはうれしい計らい。和朝食のレベルも高く、お味噌汁の味が恋しくなった時にも訪れてみてください。ちなみに隣の『ハウス ウイズアウト ア キー』（P.116）はビュッフェスタイルです。

パンケーキは生地が美味しくヘルシーなものを

　ハワイの朝食は、いつの間にかパンケーキが定番のようになってしまいました。人気店はほぼ日本にも出店しているので、せっかくならハワイにしかないものを食べたい。クリーム山盛りはもう完食できないから、生地そのものが美味しいパンケーキを選びましょう。控えめなトッピングで「大人のパンケーキ」

オーキッズ
Orchids

MAP: P.155 ／ワイキキ
2199 Kalia Rd., Honolulu （ハレクラニ内）
TEL 808-923-2311
7:30 〜 11:30、11:30 〜 14:00、17:30
〜 21:00（日曜は9:30 〜 14:00サンデー
ブランチ）　無休
halekulani.jp

陰陽カフェ
In-Yō Cafe

MAP: P.154 ／ワイキキ
223 Saratoga Rd., Honolulu
（トランプ・インターナショナル・ホテ
ル・ワイキキ6F）
TEL 808-683-7777
6:30 〜 10:30　無休
www.trumphotelcollection.com/jp/
waikiki

とも呼べるのが、『陰陽カフェ』の「バターミルクパンケーキト
リオ」。生地にやや塩味を効かせてあるのが特徴で、とてもし
っとりとした口当たり。まずは何もつけずに生地そのものの美
味しさを味わってみてください。ベーコンや卵料理とも相性が
よく、次にバターを付けて、最後にシロップをかけてデザート
のようにして食べると3種類の味を楽しめます。

　私が「幸せのパンケーキ」と呼んでいるのが、ロイヤル ハ
ワイアン ホテル内『**サーフ ラナイ**』の「ピンクパレス・パン
ケーキ」。その色は優美なホテルと同じ優しいピンク色。ビー
ツパウダーとラズベリーのピューレを生地に混ぜて色付けして
いるそうです。ピンクのパラソルの下でダイヤモンドヘッドを
眺めながらピンクのパンケーキを食べる……。そのシーンを想
像しただけでうっとりしてくるのは私だけでしょうか。

エッグベネディクトはどこで食べる？

　オムレツと並ぶ卵料理の人気メニューがエッグベネディクト。
カリカリに焼いたイングリッシュマフィンの上で卵黄がとろけ
る瞬間、朝の幸せを感じます。初めてこの料理に出合ったのが
20数年前の『ハウツリーラナイ』。「こんなに美味しいものがあ

サーフ ラナイ
Surf Lanai

MAP: P.155／ワイキキ
2259 Kalakaua Ave., Honolulu
（ロイヤル ハワイアン ラグジュアリー コ
レクション リゾート1F）
TEL 808-921-4600
6:30 ～ 11:00、11:30 ～ 14:00　無休
www.royal-hawaiian.jp/dining/surflanai.
html

グーフイー・カフェ＆ダイン
Goofy Cafe & Dine

MAP: P.154／ワイキキ
1831 Ala Moana Blvd., #201, Honolulu
TEL 808-943-0077
7:00 ～ 23:00
無休
www.goofy-honolulu.com

ったとは!」と、感動したことを覚えています。あまりにも有名店なのでデータまでは紹介しませんが、風にそよぐハウツリーの下で食べる心地よさと美味しさは今でも変わりません。

ハワイらしいエッグベネディクトといえば、『**グーフィー・カフェ＆ダイン**』。地元ハワイで採れた野菜や果物を使ったメニューが自慢の店です。エッグベネディクトに使う卵ももちろんローカルのもの。白いマフィンとタロイモが入った紫色のマフィンから選べ、付け合わせの野菜がたっぷり。朝食メニューを1日中オーダーできるから、時間を選ばず利用できます。

ちょっとユニークなエッグベネディクトを食べられるのが、スフレパンケーキが人気の『**クリーム・ポット**』。土台はイングリッシュマフィンではなくハッシュポテト。その上にロシア産ウォッカに漬け込んだサーモンのソテーとポーチドエッグをのせ、チーズが香るホワイトソースをたっぷり。ワインにも合いそうなメニューですが、残念ながらアルコールの提供はありません。ヘルシー志向の人におすすめなのが、ベーコンの代わりにケールなど季節の野菜を使って作る『**ザ・ヌック**』の「シーズナル・エッグベネディクト」。モチ粉（米粉）のパンケーキやワッフルといった、グルテンフリーのメニューも選べます。

クリーム・ポット
Cream Pot

MAP: P.154 ／ワイキキ
444 Nui St., Honolulu（ハワイアン・モナーク1F）
TEL 808-429-0945
6:30 〜 14:30
火曜休

ザ・ヌック ネイバーフッド・ビストロ
The Nook Neighborhood Bistro

MAP: P.152 ／ホノルル
1035 University Ave., #105, Honolulu
TEL 808-942-2222
8:00 〜 14:00（土・日曜は7:00 〜 15:00）　月曜休
thenookhonolulu.com

ワイキキから足を延ばしたい朝食＆ブランチスポット

　ホテル周辺で済ませることが多い朝食だけど、わざわざ足を延ばして出掛けたいのがカイムキ（P.80）の『**ココヘッド・カフェ**』。ココナッツミルクに浸したスイートブレッドにコーンをまぶして揚げた「コーンブレッドフレンチトースト」、スキレットで作る卵料理が評判の店です。いつも行列ができていますが、開店直後か閉店間近に訪れると、比較的並ばずに入れます。

　かつてマノア渓谷の近くにアフタヌーンティーで人気のティールームがあったことを覚えている人もあるでしょう。しばらくクローズした後、『**ワイオリ・キッチン＆ベイクショップ**』として再オープンしています。1922年に建てられハワイ州の歴史的建造物に指定されている洋館は、かつて孤児院の子どもたちを支援する目的を兼ねたティールームだったそう。ここでパンやお菓子を焼く技術と接客マナーなどを身につけ、自立を目指したのだそうです。アンティーク家具が置かれた店内でそんな時代に思いを巡らせながら過ごしてみるのもいいと思います。緑に囲まれたガーデンカフェでは、ビーチフロントのレストランとは異なるしっとりとした朝の空気に癒されます。

ココヘッド・カフェ
Koko Head Cafe
MAP: P.153 ／ホノルル
1145c 12th Ave., Honolulu
TEL 808-732-8920
7:00 〜 14:30　無休
kokoheadcafe.com

ワイオリ・キッチン＆
ベイクショップ
Waioli Kitchen & Bake Shop

MAP: P.152 ／ホノルル
2950 Manoa Rd., Honolulu
TEL 808-744-1619
7:30 〜 14:00　月曜休
waiolikitchen.com

お酒を飲んでも
飲まなくても、
お得に楽しめる
ハッピーアワー

「ハッピーアワー」を知っていますか。ディナータイムが始まるまでの夕方の時間帯に、お酒や料理を割安な価格で提供するサービスのことをいいます。前菜やおつまみのように軽めのメニューが多く、早めの時間のひとりディナーにうってつけ。15時頃から18時くらいまでを設定している店が多いようです。

夕方とディナータイムが終わった深夜の1日2回、ハッピーアワーを実施しているのが『**ワイオル・オーシャン・キュイジーヌ**』。スペシャルメニューの他、ノンアルコールカクテルが充実しています。『ワイキキ・サンドビラ・ホテル』（P.62）の『**サンドバー＆グリル**』は地元の人にも人気の店。どちらもワイキキ内なので、遅い時間に出掛けても安心です。

他には、『ビルズ・ハワイ』（P.115）では、日本にはないアヒポケボウル（ポケ丼）や餃子などのハワイ限定メニューを楽しめるのが魅力。和食が恋しくなったら、ロール寿司や枝豆、焼き鳥などの一品料理が30種類以上揃う『道楽寿司』へ。高級店では、『MWレストラン』『ウルフギャングステーキハウス』『マリポサ』などでも実施しています。ディナータイムにひとりで訪れるのが気が引ける高級店でも、ハッピーアワーなら気軽に入れてお得。利用しないのはもったいないですよね。

ワイオル・オーシャン・キュイジーヌ
Waiolu Ocean Cuisine

MAP: P.154 ／ワイキキ
223 Saratoga Rd., Honolulu（トランプ・インターナショナル・ホテル・ワイキキ6F）
TEL 808-683-7456
11:00 ～ 22:30　※ハッピーアワーは
15:00 ～ 18:00・21:00 ～ 22:30　無休
www.trumphotelcollection.com/jp/
waikiki

サンドバー＆グリル
Sand Bar & Grill

MAP: P.155 ／ワイキキ
2375 Ala Wai Blvd., Honolulu
（ワイキキ・サンドビラ・ホテル1F）
TEL 808-921-3212
6:30 ～ 10:00、11:00 ～翌3:00（バーは～ 3:30）　※ハッピーアワーは16:00
～ 19:00・23:00 ～翌1:00　無休
jp.waikikisandvillahotel.com/
Restaurants.htm

ひとりディナーは
淋しくない！
レストラン＆
メニュー選びのポイント

ひとりで食事をする時、一番気を使うのがディナータイム。「まわりから淋しそうに見られないかしら」「お店の人に迷惑がられないかしら」などなど気になることはありますが、他人はそれほどこちらに関心を持って見ているわけではないし、淋しいか淋しくないかは本人次第。それに高級レストランに行かなくてもカフェやプレートランチ店、デリもたくさんあるハワイでは食事の選択肢はいくらでもあります。ひとりでも居心地がよくてそこそこリーズナブルな店をご紹介します。

ハワイはエスニックが美味しくてリーズナブル

　「ハワイの料理にあまり美味しい印象がない」という人が時々いますが、それは10年以上前の話。最近は味も素材も年々レベルアップしてきています。しかし、日本に比べて割高なのは否めません。その中で美味しくてリーズナブルなのがエスニック料理。アジア系移民が多いハワイではエスニックのレベルが高く、より本場に近い味が楽しめます。

　最もよく利用するのがベトナム料理。麺料理のフォー、揚げ春巻きなど、ひとりでも注文しやすい料理が多いこともありますが、食べ飽きないことが第一の理由。フォーを食べに行く店だけを挙げてもカイムキの『ハレ・ベトナム』や『スーパー・フォー』、カラカウア通りの『フォー・ビストロ2』、アラモアナに近い『フォー・サイゴン』、キング通りの『バク・ナム』などいくらでも出てきます。他店にはない味を楽しめるのが、ワード・センターにある『**ピギー・スモールズ**』。ダウンタウン

113

の人気店『ザ・ピッグ＆ザ・レディ』の姉妹店で、ひとりの場合はこちらの方が利用しやすいです。コクのあるスープが特徴のフォーの他、ベトナム風サンドイッチをスープに浸して食べる「フォー・フレンチ・ディップ・バインミー」、スパイシーなチキンウィングが人気メニュー。フレッシュオイスターを1個から注文できるのも、牡蠣好きにとってはたまりません。

韓国料理店にも事欠かないホノルル周辺。ひとり焼肉の勇気が今ひとつないなら、スンドゥブ専門店『**ソウル・トウフ・ハウス**』へ。スンドゥブの定食の他、チヂミ、タッカルビ、鉄板で焼かれて出てくる焼肉などの単品メニューが充実しています。

ひとりディナーはビーチウォークを目指す

ワイキキの中心でありながら、オールドハワイの雰囲気が残る小さな通りが、『ブレーカーズホテル』（P.65）があるビーチウォーク。ここには、ひとりでも入りやすいこぢんまりした店が集まっています。ハワイで1、2の人気を誇るイタリアン『**アランチーノ**』の本店もここ。窓際にある小さな席がとても居心地がいいですよ。並びにはとんかつ屋、そば屋、『ブレイカーズホテル』内には和食の『和さび』が入っています。

ピギー・スモールズ
Piggy Smalls

MAP: P.152 ／ホノルル
1200 Ala Moana Blvd., Honolulu（ワードセンター内）
TEL 808-777-3589
11:00 〜 21:30（土曜は10:00 〜、日曜は10:00 〜 15:00）　無休
thepigandthelady.com/piggysmalls

ソウル・トウフ・ハウス
Seoul Tofu House

MAP: P.155 ／ワイキキ
2299 Kuhio Ave., Space C, Honolulu
TEL 808-376-0018
11:00 〜 21:00
（金・土・日曜は〜 22:00）
無休

オーストラリア・シドニー発の『ビルズ』は大箱だけれど、ひとりでも居心地がいい店。日本ではリコッタパンケーキやスクランブルエッグがよく知られていますが、ここではディナータイムのハワイ限定メニューを楽しんでみてください。カラマリ（イカ）フライ、クリスピー餃子などのスモールプレートの他、パスタ、サラダメニューが豊富。夕方以降はあまり混雑しないので長居をしても遠慮する必要はありません。

サンセットとフラを楽しみながらディナーを

歴代のミス・ハワイが登場し、フラを披露する『ハウス ウイズアウト ア キー』。高級ホテル『ハレクラニ』（P.67）にあり敷居が高く感じられますが、意外にもひとりディナー向き。予約の必要がなく、ププメニュー（前菜）が充実していることもあり、ひとりでふらりと訪れるにはもってこいです。サンセットタイムのワイキキビーチを背景に、ハワイアンミュージックと美しいフラを楽しみながら食事ができます。

ワイン 1 杯からオーダーできる隠れ家的イタリアン

アラワイ通りの『ワイキキ・サンドビラ・ホテル』（P.62）

アランチーノ・オン・ビーチウォーク
Arancino on Beachwalk

MAP: P.154 ／ワイキキ
255 Beach Walk, Honolulu
TEL 808-923-5557
11:30 〜 14:30、17:00 〜 22:00
無休
www.arancino.com/jp/arancino-beachwalk

ビルズ・ハワイ
bills Hawaii

MAP: P.154 ／ワイキキ
280 Beach Walk, Honolulu
TEL 808-922-1500
7:00 〜 21:00
無休
www.billshawaii.com/jp

には、知る人ぞ知る隠れ家レストランがあります。プールサイドに小さなバンガローのような建物があり、ここが地中海料理を楽しめる『ラ・ベラ・ワインバー＆スパ』。できる限り新鮮な天然もの、有機野菜を使い作られる料理は彩りもよくとても華やか。「タコサラダ」「チーズプレート」の他、パスタがおすすめ。ワインもグラス1杯から楽しめます。

ロコ気分にたっぷり浸れるダイナー

"ローカル版シェフズテーブル"ともいえるのが『リリハ・ベーカリー』。「ココパフ」というクリームパフ（シュークリーム）で有名なベーカリーの奥に15席ほどのカウンター式ダイナーがあり、いつ訪れても満席の大盛況ぶりなんです。人気の理由は素朴なローカル料理とともに、注文を受けたスタッフが目の前の鉄板で料理を作る様子を眺められること。パンケーキもオムレツも、フライドライスやポークチョップも、スープ以外のほとんどの料理がこの鉄板で調理されます。体の大きなロコたちが肩を触れ合わせながら食事をする様子にも、食欲をそそられます。アラモアナ・センターの『メイシーズ』内にも出店していて同じメニューを味わえますが、ぜひ一度本店のライブ感を

ハウス ウイズアウト ア キー
House Without a Key

MAP: P.155 ／ワイキキ
2199 Kalia Rd., Honolulu （ハレクラニ内）
TEL 808-923-2311
7:000 ～ 21:00
無休
halekulani.jp

ラ・ベラ・ワインバー＆スパ
La Vela Wine Bar & Spa

MAP: P.155 ／ワイキキ
2375 Ala Wai Blvd., Honolulu（ワイキキ・サンドビラ・ホテル1F）
TEL 808-921-3210
18:00 ～翌2:00　無休
www.lavelawinebarandspa.com

味わってみてください。ホノルル空港へ行く途中にあるので、帰国日にタクシーかウーバーで立ち寄るのもいいでしょう。

デリの活用とテイクアウトをのススメ

　デリの料理やテイクアウトメニューも活用しましょう。好きな料理を必要な分量だけ買えるスーパーマーケットのデリセクションには、レストランにも劣らない本格料理が揃います。『ホールフーズ・マーケット』の各店や『フードランドファームズ アラモアナ』(P.125)にはイートインスペースがあるので便利。生ハムやチーズもその場でカットしてもらい買うことができます。オンス（1オンス＝約28ｇ）単位ですが、生ハムならほしい枚数を伝えれば重さで価格を計算してくれます。

　飲食店でも、持ち帰ることができるメニューは意外に多いのです。例えばベトナム料理のフォーは麺とスープ、具を別々にしてテイクアウトできるし、クヒオ通りの『丸亀製麺』でも、持ち帰りをしているロコをよく見かけます。テイクアウトのいいところは、チップが必要ないこと。持ち帰った料理をホテルの部屋で楽しむ夜があってもいいと思いませんか。

リリハ・ベーカリー
Liliha Bakery

MAP: P.151／ホノルル
515 N. Kuakini St., Honolulu
TEL 808-531-1651
24時間(火曜は6:00〜、日曜は20:00まで)
月曜休
www.lilihabakery.com

117

ホノルルで
気軽にひとり飲みを
楽しめる
スポットを探す

夕食の後や眠る前に、もう少し飲みたい時もありますよね。海外で女性の"ひとり飲み"は少々勇気が必要ですが、ワイキキやアラモアナ周辺なら気軽に、安全に飲める店はたくさんあります。カフェを訪れる感覚で、出掛けてみませんか。

ワイキキ内で夜遅くまで飲んでいても安全な店2軒

コーヒー専門店なのに、アサイボウルとポケ丼が抜群に美味しい『アイランド・ヴィンテージ・コーヒー』。その隣に満を持してオープンしたのが『**アイランド・ヴィンテージ・ワインバー**』です。店内に備え付けられたディスペンサーには16種類の白ワイン、24種類の赤ワインが並び、お好みのものを自分でグラスに注いで味わえます。1オンス(30ml)〜5オンス（150ml）まで量を選べる他、オーダーできるワインを含めると100種類以上。気になる銘柄の飲み比べを心ゆくまで楽しめる、ワイン好き必見の店です。他にビール、カクテルも提供し、フードメニューはチーズ＆フルーツプレートや、ポケ丼、サラダなどカフェでも人気のメニューを17時まで提供。夜はラムチョップなどの本格ディナーメニューも加わります。つまり、朝からワインと一緒に食事が楽しめるというわけです。ロイヤル・ハワイアン・センターの中庭を一望するロケーションが気持ちよく、明るい時間からつい入り浸ってしまいそうな店です。

もう1軒は日本でもおなじみのデリカテッセン『**ディーン＆デルーカ**』のワインラウンジ。1階のデリコーナー奥にある階段から2階に上がると、カラカウア通りを見下ろせる大きな窓

がある空間が広がります。昼間はブランチを提供し、ワインラウンジとしてオープンするのは16時から。ハワイ産の新鮮な食材を使ったメニューの他、店頭に並ぶチーズ、生ハムなども注文できます。部屋飲み用のワインやおつまみを帰りに調達するのもいいでしょう。高級レジデンスホテル『リッツ・カールトン』内ですが、ホテルのロビーを通らず入れるので気軽に立ち寄れます。2軒ともワイキキの賑やかな通りにあり、夜遅い時間まで過ごしても安心です。

オーシャンビューのロケーションでロコ気分を楽しむ

　落ち着いた店でひとり飲みもいいけれど、賑やかな場所が恋しくなった時に出掛けてみたいのが『ルルズ・ワイキキ』。ワイキキビーチを一望するロケーションで、アメリカっぽいスポーツバーの雰囲気を味わえます。ここはテーブル席に着いたのでは気持ちよさが半減。必ずビーチが真正面に見えるカウンター席に座ってください。早朝から深夜まで営業し、ロコモコなどのローカルフードやパンケーキ、フレンチトーストも人気。いきなり夜にひとりで訪れるのが心配なら、朝食やハッピーアワーを利用してみて、雰囲気を確かめてみるといいでしょう。

アイランド・ヴィンテージ・ワインバー
Island Vintage Wine Bar

MAP: P155 ／ワイキキ
2301 Kalakaua Ave., Honolulu（ロイヤル・ハワイアン・センター C館2F）
TEL 808-799-9463
7:30 〜 23:00
無休

ディーン＆デルーカ
アルチザンロフト
Dean & Deluca　The Artisan Loft

MAP: P154 ／ワイキキ
383 Kalaimoku St., Honolulu
（ザ・リッツ・カールトン・レジデンス・ワイキキビーチ1F）
TEL 808-729-9720
10:00 〜 14:00（ブランチ）、
16:00 〜 22:00（ワインラウンジ）　無休

週末の夜にはロコもたくさん訪れ、いっそう賑やかに。くれぐれもハメを外しすぎないようにしてくださいね。

デパートやスーパーのバーコーナーでちょい飲み

スーパーマーケットのイートインコーナーもひとり時間にうってつけのちょい飲みスポットです。『ホールフーズ・マーケット』の場合、カハラ、ワードビレッジ、カイルアのどの店舗にもバーコーナーがあり、店内のデリで購入した料理を持ち込んでお酒を注文できます。ただし、お酒を提供できるエリアが決まっていて、バーコーナー以外での飲酒はNGなので注意してください。アラモアナ・センターの『フードランドファームズ アラモアナ』（P.125）も店の中央にバーカウンターがあり、デリの料理をお酒と一緒に楽しめます。

デパートでは、アラモアナ・センターの『ノードストローム』内にあるバーコーナー『ハビタント』がおすすめ。ププ（前菜）から、サラダ、サンドイッチのメニューがあり、飲み物はビール、ワインに、バーテンダーがシェイカーを振って作る本格カクテルをオーダーできます。メニューにカロリーと栄養成分表示があるのも、ダイエット中の人にうれしい配慮です。

ルルズ・ワイキキ
Lulu's Waikiki
MAP: P155 ／ワイキキ
2586 Kalakaua Ave., 2F, Honolulu
TEL 808-926-5222
7:00 〜翌2:00
※ハッピーアワーは15:00 〜 17:00
無休
www.luluswaikiki.com

ハビタント
Habitant
MAP: P152 ／ホノルル
1450 Ala Moana Blvd., Honolulu
（アラモアナ・センター ノードストローム内）
TEL 808-953-6150
11:00 〜21:00（日曜は〜 19:00） 無休

時間を忘れて
夢中になる
スーパーマーケットの誘惑

スーパーマーケットの楽しさは万国共通。特に海外のスーパーを訪れるのは、初めての観光スポットのようにワクワクします。ハワイではアメリカらしいポップなものとともに、アジア系の食材や調味料が充実しているのも多国籍の島ならでは。同じチェーンストア系スーパーでもロケーションによって品揃えが異なるところも興味深く、例えば観光客が多く利用するワイキキやアラモアナはお土産用ハワイメイドの品が充実。高級住宅街では価格帯が高めのものやオーガニックの食材が揃っていて、ローカルタウンではリーズナブルなものが多いという具合。何軒かを巡ると違いがわかって面白いです。

ハワイの二大人気スーパーをハシゴする

今、ハワイでがぜん勢いがあるのが、これまでにも何回か紹介している『ホールフーズ・マーケット』と『ダウン・トゥ・アース』(P.32)。どちらもナチュラル＆オーガニック、さらに地元ハワイ産の生鮮食料品や加工品、コスメなどを豊富に扱い、デリコーナーのメニューも豪華なのが特徴です。

『ホールフーズ・マーケット』は現在オアフ島にはカハラ、カイルア、クイーン(ワードビレッジ)の3店舗。一番、規模が大きいのが最新店舗の『**ホールフーズ・マーケット クイーン**』です。ハワイ初の2フロア構成で、1階には生鮮食料品から加工品、オーガニックコスメやハワイ産のナチュラルコスメ、約50種類のメニューが並ぶデリコーナーなどがあります。2階には1階で購入したデリの料理を食べられるイートインスペース、

123

クラフトビールが飲めるバーコーナー、エコバッグなどのグッズを販売するショップも。カハラ店の2.5倍の広さがあり、店内すべてチェックするには時間と体力が必要。お買いもの熱が高まり、気力が充実している時に訪れることをおすすめします。

　一方、ハワイの自然食料品店のパイオニア的存在が1977年、マウイ島で産声を上げた『ダウン・トゥ・アース』。オアフ島にはキング通りの他、カイルア、カカアコ、パールリッジとカポレイにも展開しています。ベジタリアンスーパーですが、デリの料理が肉を使ってないとは思えないほど美味しく、ぜひ食べてみてください。その品揃えからはハワイ生まれらしい"地元愛"みたいなものが伝わって来て、ホールフーズとは異なる魅力があります。カイルア店は2019年8月、そのホールフーズの隣のブロックに2倍の広さになって移転オープンしたばかり。両方の店をハシゴして楽しむのが便利になりました。

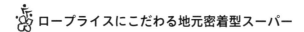 ロープライスにこだわる地元密着型スーパー

　地元の人が日常的に利用する庶民的なスーパーが『**タイムズ・スーパーマーケット**』。1949年、日系移民によって創業されました。「ローカル」を声高にアピールしているわけではないけ

ホールフーズ・マーケット クイーン
Whole Foods Market Queen

MAP: P.152 ／ホノルル
388 Kamakee St., Honolulu
TEL 808-379-1800
7:00 〜 22:00
無休
www.wholefoodsmarket.com/stores/queen

タイムズ・スーパーマーケット
Times Supermarkets

MAP:P.153 ／ホノルル
1173 21st Ave., Honolulu
TEL 808-733-2466
6:00 〜 23:00
無休
www.timessupermarket.com

れど、ハワイ産の生鮮食料品も揃っています。アメリカ、ハワイ、日本、アジアなどの調味料やスナック類のバリエーションが豊富。ローカル色いっぱいのデリにも興味津々です。

　もう1軒のローカルスーパーは、ハワイ最大のスーパーチェーン『フードランド』。創業者がアメリカ人のためか、ややアメリカ色が強い印象です。ワイキキから行きやすいのはアラモアナ・センターの『フードランドファームズ アラモアナ』。地元ハワイ産の生鮮食料品とともに、オーガニックにも特化した店です。デリコーナーの他、焼き立てパン、シェイブアイスの店、プレートランチ店もあり、屋台巡りのように楽しめます。

ワイキキ内の高級日本食材スーパー

　クヒオ通りにあった『フード・パントリー』が取り壊しのため閉店した今、ワイキキ内で生鮮食料品を買うなら『ミツワ・スーパーマーケット』へ。寿司、丼物、お弁当メニューが豊富で、店内の電子レンジで温めて食べられます。ワイキキの中心にしては価格設定が良心的。定番のハワイ土産を厳選して揃えてあり、日本の医薬品も。コンパクトなスペースに必要なものが厳選されているので、効率よく買いものができますよ。

フードランドファームズ アラモアナ
Foodland Farms Ala Moana

MAP:P.152／ホノルル
1450 Ala Moana Blvd., Honolulu（アラモアナ・センター エバウイング1F）
TEL 808-949-5044
5:00 〜 23:00　無休
www.foodland.com/stores/foodland-farms-ala-moana

ミツワ・スーパーマーケット
Mitsuwa Supermarket

MAP:P155／ワイキキ
2330 Kalakaua Ave., Honolulu（インターナショナル マーケット プレイス2F）
TEL 808-489-9020
9:00 〜 22:00
無休
www.mitsuwa.com/hw/

ハワイで買うからこそ
価値あるものを
手に入れる

ハワイへ行き始めたばかりの頃は見るもの手に取ったもの何でもかんでもほしくなって、ずいぶんと散財をしました。「お店まるごと買ってしまいたい！」と思えるほど好きなショップもあったけれど、そういう物欲は年齢とともに少しずつ落ち着いてきますよね。最近では、ハワイで買うからこそ価値あるものを選びたいと思っています。作り手の想いが伝わってきて、日本へ持ち帰ってからもハワイの空気が感じられるものなら、ずっと手元に置いて大切に使い続けられると思いませんか。

ハワイの自然と伝統から生まれた手作りアイテム

　ハワイの伝統工芸品のひとつに、ラウハラ編みがあります。「ラウ」はハワイ語で葉、「ハラ」はハワイの海岸近くに自生する固有の植物のこと。ハラの葉を乾燥させて編んだものがラウハラ編みです。サウスショア・マーケットにある『ケアロピコ』では、オアフ島東海岸のカネオヘに住むスーザンさんというロコアーティストが作るラウハラグッズを扱っています。独特のハリと風合いが最も美しく表現されるのが帽子。この帽子作りが一番難しく、20年以上のキャリアを持つスーザンさんでも1個編み上げるのに2週間以上かかるのだそう。採取したハラを選別し洗って汚れを落とし、乾燥させたものを細く裂いて編める状態にまでするには、さらに数倍の手間と時間がかかるといいます。昔からハワイの人たちはこのハラを使って様々な生活用品を作ってきました。帽子をかぶってみると、干し草のような匂い。そこからはハラが育ったハワイの景色や空気とともに、

人々の営みも伝わってくる気がします。

　ラウハラグッズを扱う『ケアロピコ』は店名でもあり、ロコの女性3人がカウアイ島で立ち上げたブランドの名前でもあります。オリジナル商品で、愛用しているのがコットン100％のパレオ。ハワイの植物や鳥、魚などがハンドプリントされ、適度にハリがあるのにガーゼのように優しい肌あたり。大判の上、洗ってもすぐに乾くので旅先に1枚持っていくと便利。実は自分で買ったのではなくお土産にいただいた品なのですが、日本でもノースリーブの露出が気になる時や冷房よけに、夏の間ずっと持ち歩いています。同じ柄のブラウスやワンピースもあるけれど、長く使うならパレオの方がおすすめです。

今、最も注目されるデザイナーの洋服

　ハワイのロコデザイナーの洋服は、どちらかというと若い女性向きのリゾートウェアが多いのですが、大人の女性が着ると断然カッコよく決まるのが『**マナオラ**』。竹に手彫りした模様にインクを付けてスタンプしていく「オヘカパラ」という伝統技法を用いプリントした生地を使っています。一つひとつはとてもシンプルな模様ながら、その布地が洋服に仕立て上げられ

ケアロピコ
Kealopiko

MAP: P.152 ／ホノルル
1170 Auahi St., Honolulu
（サウスショア・マーケット内）
TEL 808-593-8884
10:00 〜 20:00（金・土曜は〜 21:00、
日曜は〜 18:00）　無休
Kealopiko.com

マナオラ・ハワイ
Manaola Hawaii

MAP: P.152 ／ホノルル
1450 Ala Moana Blvd., Honolulu
（アラモアナ・センター 2F）
TEL 808-943-6262
9:30 〜 21:00（日曜は10:00 〜 19:00）
無休
www.manaolahawaii.com

ると、はっと目を引く斬新なものに。デザイナーのマナオラ・ヤップさんは、2017年のニューヨーク・ファッション・ウィークにハワイの王族衣装をイメージしたスタイルを発表し、センセーションを巻き起こした人物。「アロハとムームーばかりが先行するハワイのファッションイメージを打ち破り、伝統的なものでも十分モダンになれることを証明したい」との想いがあったといいます。チュニック、ブラウス、ドレスなどがあり、素材もコットン、麻、レーヨン、シルクと多彩。ここなら日本のフォーマルな席でも十分通用する1着が見つかります。

ビジネスウーマンも愛用するハワイアンプリントのドレス

　ハワイの植物をモチーフにした美しいプリント柄が魅力なのが『マヌヘアリイ』。リゾート向きのワンピースが中心ですが、ブラウスやジャケットは着こなし次第でビジネスシーンにも取り入れられそう。実際にハワイのビジネスウーマンが素敵に着こなしているのを目にしたことがあります。同じプリントで異なるスタイルや素材違いのものなど、多彩なデザイン展開。生地の採り方によって模様の出方も違うので、よく見比べて選んでください。ワンピースが100ドル前後という手頃な価格もう

マヌヘアリイ（カイルア店）
Manuheali'i
MAP: P.151 ／カイルア
5 Hoolai St., Kailua
TEL 808-261-9685
9:30 〜 18:00（土曜は9:00 〜 16:00、日曜は10:00 〜 15:00）　無休
manuhealii.com

グリーンルーム・ギャラリー
Green Room Gallery
MAP: P.155 ／ワイキキ
2330 Kalakaua Ave., #294, Honolulu
（インターナショナル マーケット プレイス2F）
TEL 808-377-6766
10:00 〜 22:00　無休
www.greenroomhawaii.com

れしい。ここで買った服を着てワイキキあたりを歩いていて、知らないロコから「その洋服、素敵ね」と声を掛けられたことが何度かあります。「マヌヘアリイよ」と答えると、「ああ、やっぱり」という反応が返ってくる、そんなブランド。カイルアの他には、アラモアナに近いプナホウにも店があります。

❀ ビーチ＆サーフカルチャーをテーマにしたアート作品

　海とハワイの魅力を伝えるアート作品を扱うギャラリーを兼ねたセレクトショップが『**グリーンルーム・ギャラリー**』。若手アーティストを発掘し、いち早く紹介することでも知られています。ヘザー・ブラウン、クラーク・リトル、ニック・カッチャーらの名前は知らなくても、作品を見れば必ずハワイのどこかで目にしたことがあるはず。また最近、最も勢いがあるアーティストのひとりが、日本人女性のクリス・ゴトーさん。コケティッシュな女の子のサーフシーンにはハワイの景色とともに、どこか日本的な空気を感じさせるモチーフが描かれています。オリジナルイラストの他、手頃な価格のプリントやエコバッグ、Tシャツもあり、予算とお好みに合わせて選べます。

❀ 手作りの工程にこだわるメイドインハワイのサンダル

　メイドインハワイのサンダルといえば、『**アイランド・スリッパー**』。アイランド・スリッパー社は1946年、日系移民により創業されました。現在はアメリカ人のオーナーに引き継がれていますが、創業当時からの手作りの工程を守り続けています。

工場を見せてもらった時に驚いたのは、使い込まれた足型や年代物のプレス機、古い足踏みミシンが現役で活躍していたこと。さらにソールやストラップの取り付けは手作業で行われていました。シンプルな形に様々な工程が詰まっているサンダル作りには、機械化ができない工程が多いのだそうです。職人さんの中には50年以上働いている人もいるとのことでした。初めて履いた瞬間から足裏にしっくり馴染む感触は、他のサンダルではなかなか実感できません。日本のセレクトショップにもありますが、ハワイの方が特に女性用のデザインが豊富です。

誰にプレゼントしても喜ばれる『ハレクラニ』の匂い袋

　必ず買って帰るもののひとつに、『**ハレクラニ・ブティック**』のサシャ（匂い袋）があります。ハレクラニブルーのパッケージにロゴが入った匂い袋は客室のバスアメニティと同じ香り。ティーバッグくらいの大きさで軽くてかさばらず、3個入り15ドルの手頃な価格も魅力です。お土産用にするものと、自分用にもいくつか買い、クロゼットや化粧ポーチに入れて香りを楽しんでいます。その匂いがしなくなってくると、またそろそろハワイへ行きたい気持ちがむくむくと湧き起こってきます。

アイランド・スリッパー
Island Slipper Store
MAP: P.155 ／ワイキキ
2201 Kalakaua Ave., Honolulu
（ロイヤル・ハワイアン・センター A館2F）
TEL 808-923-2222
10:00 〜 22:00　無休
www.islandslipper.com

ハレクラニ・ブティック
Halekulani Boutique
MAP: P.155 ／ワイキキ
2199 Kalia Rd., Honolulu
（ハレクラニ内）
TEL 808-923-2311
8:00 〜 21:00　無休
www.halekulani.jp

今の自分に
ぴったりの水着は
どこにある?

水着を新調する機会がだんだんと減ってきていませんか。さらに買う時には、ビキニにするか、無難にワンピースを選ぶか悩みますよね。でもロコの女性は、「40歳を過ぎてもビキニ、50歳になってもビキニ」なんだそうです。それを有言実行するハワイの友人が愛用しているのが『**プアラニ**』の水着。オーナーでデザイナーでもあるイヴァラニさんは、ハワイ島出身のサーファー。サーフィンをする時フィットする水着がなかなか見つからなくて、「ならば自分で作っちゃえ！」とブランドを立ち上げました。4方向に延びる素材を使い、特殊な縫製で作られた水着は水中の激しい動きにも対応。"波にもまれても絶対にずれない"とロコのサーフガールにも評判です。

絶対にずれない1着を手に入れるためには、サイズ選びが肝心。「納得いくまで試着して」と言うショップオーナーのカズサさんに見立ててもらうと安心です。豊富なデザインから上下別々に組み合わせて選ぶことができ、ワンピースタイプも充実しています。洗濯機で洗える上、毎週海に入っていても15年は着られるという耐久性もすごい！「長持ちする水着を選ぶことは、体型キープにも繋がるのよ」とカズサさん。そういう彼女も私と同年代で、素敵にビキニを着こなしています。

プアラニ・ハワイ・ビーチウェア
Pualani Hawaii Beachwear

MAP: P.153 ／ホノルル
3118 Monsarrat Ave., Honolulu
TEL 808-200-5282
9:30 ～ 18:00
無休
www.pualanibeachwear.com

アンティークに手作りアイテム。
大人かわいい雑貨を探す

いくつになってもこまごまとしたかわいいものに心惹かれるのは、女性の宿命。時には我慢せずに買ってしまうことがあってもいいですよね。雑貨に対するこだわりはさほどないのですが、それでも必ずチェックしているお店や、ずっと愛用しているものをご紹介します。

ひとつはほしい、ヴィンテージのフラドール

「ヴィンテージ」と呼ばれるフラドール、実はそのほとんどが日本製。1950〜60年代に作られ、お土産用としてハワイへ輸出されました。どこか郷愁を誘うのは、そんな背景があるからかもしれません。日本で作られたものには陶器製が多く、スカートが自然素材のものやビニール製のもの、またレイ、髪飾りなどがボディと一体型だったり、布製のものもあります。同じポーズでも表情が微妙に違うから、よ〜く見比べて気に入ったものを選ぶのがいいと思います。ひょっとしたら第一印象でピンと来る、"運命のフラドール"に出合えるかもしれません。

フラドールで圧巻の品揃えを誇るのが、カイムキ（P.80）にある『**サーフィン・フラ・ハワイ**』。店の人がやたらと話しかけてこない無関心さが居心地のいい店です。古いプレートやファイヤーキングのカップ、おもちゃなどのコレクションもたくさんあり、気になるものを一つひとつ見ていると時間を忘れてしまいます。ダウンタウンでフラドールを探すなら『ティンカン・メイルマン』へ。大小、素材違いなどユニークな人形が揃っています。ここまで来たら、同じ通りにあるユーズドショッ

135

プ『バリオ・ヴィンテージ』ものぞいてみてください。1950〜70年代の古着の山から素敵なお宝を発掘できる可能性大。

買わずにはいられない美しいペーパーグッズ

『サウスショア・ペーパリー』のオーナー夫妻は、グラフィックデザイナー。自分たちの出産報告カードを作ったことがきっかけで、ペーパーグッズの店を始めたのだそう。そんな夫妻の温かさが伝わってくるデザインが豊富に揃う店です。最近では挨拶や用件をメールで済ませることが多いけれど、やっぱり紙ものが好き。「Aloha 」「Mahalo」といったハワイ語のメッセージカードや、イルカ、シェイブアイス、ハイビスカスなどハワイらしいモチーフが刻印されたカードを見ると、手に取らずにはいられません。手のひらに収まるくらいのミニノートはカバーイラストが20種類以上あり、お土産用にと選んでいたらどれも素敵で選びきれなくて、結局10冊以上買ってしまいました。店頭に並んでいるものの他、名刺やレターセット、インビテーションカードなどのカスタムオーダーもできます。日本からネットで注文しておき、ハワイ旅行の時に受け取りに行ってもいいでしょう。

サーフィン・フラ・ハワイ
Surf'N Hula Hawaii

MAP: P.153 ／ホノルル
3588 Waialae Ave., Honolulu
TEL 808-428-5518
10:30 〜 17:00（土曜は〜 16:00）
日曜休

サウスショア・ペーパリー
South Shore Paperie

MAP: P.153 ／ホノルル
1016 Kapahulu Ave., Honolulu
TEL 808-744-8746
9:00 〜 16:00
日曜休
southshorepaperie.com

ハワイの香りを持ち帰る

『ソーハ・リビング』はオアフ島内に5店舗を持つインテリアショップ。オリジナル商品のひとつに11種類の香りのディフューザーがあります。ココナッツの香りは「ワイキキ」、プルメリアとピカケをミックスしたのが「カハラ」、パイナップルとマンゴーの香りが「カイルア」、他には「アロハ」「ビーチ」などすべてハワイにちなんだネーミング。価格は1本約60ドル。決して安くはないですが2年以上香りが続き、部屋にあるといつでも"妄想ハワイ"にトリップできますよ。

料理が楽しくなるキッチングッズがほしい！

フラガールの箸置き、パイナップルやハイビスカス模様のキッチンタオル、スパムむすびメーカーなど、ハワイらしいキッチングッズが揃うのが『ザ・コンプリート・キッチン』。フードコーナーにはパンケーキミックス、ハワイアンソルトなどお土産に人気の品も。遊び心あふれる品や便利グッズが中心ですが、もっと本格的な料理器具を探したかったらアラモアナ・センターの『ウィリアムズソノマ』をのぞいてみてください。

ソーハ・リビング
SoHa Living

MAP: P.153 ／ホノルル
4211 Waialae Ave., Honolulu
（カハラモール1F）
TEL 808-591-9777
10:00 ～ 21:00（日曜は～ 18:00）
無休
sohaliving.com

ザ・コンプリート・キッチン
The Compleat Kitchen

MAP: P.153 ／ホノルル
4211 Waialae Ave., Honolulu
（カハラモール1F）
TEL 808-737-5827
10:00 ～ 21:00（日曜は～ 18:00）
無休
www.compleatkitchen.com

生産者との
触れ合いが楽しい。
メイドインハワイが見つかる
ファーマーズマーケット

今や観光スポットとしてすっかり定番になったファーマーズマーケット。野菜やフルーツ、海産物の他、ジャムなどの加工品を生産者がベンダー（売り主）となって直接販売するもので、近所の人が集まる小さな規模まで合わせると、ホノルル周辺のどこかで毎日開かれています。農産物が多いですが、パンやプレートランチ、スイーツ、飲み物の販売もあり、食べ物を目当てにピクニック気分で出かける人も多いよう。ここで販売したプレートランチで人気に火がつき、レストランのオープンに繋がることもあります。例えばダウンタウンの人気ベトナム料理店『ザ・ピッグ＆ザ・レディ』がファーマーズマーケット発祥というのは有名なお話。現在でも『KCCファーマーズマーケット』や『カイルア・ファーマーズマーケット』に出店し、フォーやベトナム風サンドイッチ「バインミー」を販売しています。ハワイで有名なレストラン賞を受賞する店の原点ともいえる味を、ここへ来れば食べられるというわけです。

　朝市のイメージがありますが、夕方から開催されるものが増えていて、夕食用のプレートランチや、翌日の朝食にしたいパンやフルーツを購入するのに便利。食べ物以外に手作り石けん、コスメ、アーティスト作品が並ぶことも。生産者と直接コミュニケーションしながら買いものができるのが魅力で、食材を仕入れるために自ら足を運ぶレストランシェフもいるのだとか。ファーマーズマーケットはハワイの美味しいものや流行りものにいち早く出合える場所。購入したものをまとめて持ち歩ける、大きめのエコバッグを持参すると便利ですよ。

定番と注目度ナンバーワン、両方を見比べてみたい

　ハワイのファーマーズマーケット人気の火付け役ともいえるのが、土曜日の朝の『KCCファーマーズマーケット』。70以上のベンダーが出店し、オアフ島最大規模を誇ります。グリーントマトのフライ、ピッツァ、ハワイ島コナ産のアワビのグリルなど、人気店のメニューを食べるには行列を覚悟で。早朝『ダイヤモンドヘッド』（P.22）に登った帰りに寄って、朝食を取るのもいいでしょう。ただし、10時以降は売り切れになることもあり、なるべく早めの時間に訪れることをおすすめします。規模は小さいながら火曜日の夕方にも同じ場所で開催し、こちらは観光客は少なくのんびりとした雰囲気を味わえます。

　同じく土曜日の午前中に開催し、人気急上昇中なのが『**カカアコ・ファーマーズマーケット**』。KCCよりベンダー数はやや少ないけれど実力派揃い。ここでしか手に入らないコーヒー、ハチミツ、コスメなどが並びます。こちらの方がベンダーのクオリティが高いという人もいるくらいなので、両方をハシゴして見比べてみてはいかがですか。

KCCファーマーズマーケット
KCC Farmer's Market

MAP: P.153 ／ホノルル
4303 Diamond Head Rd., Honolulu
土曜7:30 ～ 11:00、火曜16:00 ～ 19:00
www.kapiolani.hawaii.edu/project/
farmers-market

**カカアコ・
ファーマーズマーケット**
Kakaako Farmers' Market

MAP: P.152 ／ホノルル
1050 Ala Moana Blvd., Honolulu
（旧ワードウエアハウス跡地）
MAP:P.153 ／ホノルル
土曜8:00 ～ 12:00、水曜16:00 ～ 20:00
www.farmloversmarkets.com

〈 開催曜日別オアフ島のファーマーズマーケット 〉

曜日	時間	名称／開催場所	マップ
月曜	6:45 ～ 7:45	**ピープルズ・オープン・マーケット** 2721 Kaaipu Ave., Honolulu （マノア・バレー・ディストリクトパーク内）	P.152 ホノルル
火曜	16:00 ～ 20:00	**バンク・オブ・ハワイ・ファーマーズマーケット** 2155 Kalakaua Ave., Honolulu （カラカウア通りのバンク・オブ・ハワイ前）	P.154 ワイキキ
火曜	16:00 ～ 19:00	**KCCチューズデー・ファーマーズマーケット** 4303 Diamond Head Rd., Honolulu （カピオラニ・コミュニティ・カレッジの駐車場）	P.153 ホノルル
水曜	16:00 ～ 19:00	**ホノルル・ファーマーズマーケット** 777 Ward Ave., Honolulu （ニール・ブレイズデル・センターの駐車場芝生エリア）	P.152 ホノルル
水曜	16:00 ～ 20:00	**カカアコ・ファーマーズマーケット・アット・サンセット** 1050 Ala Moana Blvd., Honolulu （旧ワードウエアハウス跡地）	P.152 ホノルル
木曜	17:00 ～ 19:30	**カイルア・ファーマーズマーケット** 609 Kailua Rd., Kailua （カイルア・タウンセンターの駐車場）	P.151 カイルア
木曜	16:00 ～ 20:00	**バンク・オブ・ハワイ・ファーマーズマーケット** 2155 Kalakaua Ave., Honolulu （カラカウア通りのバンク・オブ・ハワイ前）	P.154 ワイキキ
木曜	16:00 ～ 20:00	**ワイキキ・ビーチウォーク・マーケット・オン・ザ・プラザ** 227 Lewers St., Honolulu （ワイキキ・ビーチウォークの芝生エリア）	P.154 ワイキキ
金曜	7:00 ～ 13:30	**フォート・ストリート・モール・オープン・マーケット** Fort Streeet Mall, Honolulu　（ダウンタウンのサウス・キング通りとホテル通りに挟まれた歩道）	P.152 ダウンタウン
土曜	7:30 ～ 11:00	**KCCサタデー・ファーマーズマーケット** 4303 Diamond Head Rd., Honolulu （カピオラニ・コミュニティ・カレッジの駐車場）	P.153 ホノルル
土曜	8:00 ～ 12:00	**カカアコ・ファーマーズマーケット** 1050 Ala Moana Blvd., Honolulu （旧ワードウエアハウス跡地）	P.152 ホノルル
日曜	7:00 ～ 15:00	**マノア・ファーマーズマーケット** 2752 Woodlawn Dr., Honolulu （マノア・マーケットプレイス内）	P.152 ホノルル

注：天候や他のイベント等により開催時間の変更や中止になる場合があります。

こんな時、どうする？
安心、安全のために知っておきたいこと

ハワイの治安のよさは海外の中でもトップクラス。ワイキキのメインストリートであれば、夜遅く女性がひとり歩きしても問題ありません。ロコの人たちが親切なこともあり緊張が緩みがちなのですが、油断は禁物。事故や犯罪に巻き込まれる可能性がある場所や行動は絶対に控えたいものです。ひとりで旅する時には、とりわけ自分の身と持ち物は自分で守るという自覚を忘れないでください。

まずはお金のこと。両替はどこでするのがお得？

ショップやレストランの支払いはほとんどの場合、カードで済ませられますが、現金が必要になってくることもあります。まず、『ザ・バス』（P.70）の支払いは現金のみ。プレートランチ店でもキャッシュオンリーのところが意外に多く、ファーマーズマーケット（P.138）ではカードを使える店もあるけれど、現金の方が早くてスムーズ。とりあえず30〜50ドルくらい持ち歩くと安心です。では両替はどこでするか。ホノルル空港やホテルはレートがよくありません。両替所が集中しているのは、ワイキキの『DFS』があるロイヤル・ハワイアン通り。このあたりなら、どこで両替してもレートはあまり変わりません。

置き引き、ひったくり、ブランド品の持ち歩きに注意

最近、増えているのが置き引きやひったくり、車上荒らし。ひとりでレンタカーを運転する機会は少ないでしょうが、高価には見えない紙袋やエコバッグでも窓ガラスを割って盗まれる

143

ことがあるので、車内の見える場所には絶対に置かないように。ビーチでカメラやスマホを置きっ放しにして海に入るのは問題外、たとえ貴重品が入ってなくても注意が必要です。Tシャツやビーチサンダルを持っていかれたという話も聞いたことがあります。ビーチでの盗難を防ぐために利用したいのがワイキキビーチにあるキーレスロッカー『アロハ・ロッカーズ』。『モアナ サーフライダー』のダイヤモンドヘッド寄り、水着屋の角を入ったところにあり、ビーチに行く前に立ち寄れます。向かい側が『ワイキキビーチ交番』なので安心です。

　万が一、盗難に遭ったら、まず警察に届けること。パスポートの場合は、警察に盗難届を出し、『在ホノルル日本国領事館』で再発行の手続きをします。警察、救急車、消防車を呼ぶ場合は『911』へ。すべてこの番号で繋がり、「Japanese Operator Please（ジャパニーズ・オペレーター・プリーズ）」と告げれば、日本語を話せる人に繋いでくれます。

　高級ブランドの紙袋を持ち歩くこともできる限り避けましょう。エコバッグなどに入れて見えないようにする程度の配慮はしたいもの。ある程度の金額以上の買いものをすると、商品をホテルに届けてくれるサービスを実施している店もあります。

アロハ・ロッカーズ
Aloha Lockers

MAP: P.155 ／ワイキキ
2365 Kalakaua Ave., Honolulu
TEL 808-861-7003
7:00 〜 19:00　無休
alohalockershawaii.com

ワイキキビーチ交番
Honolulu Police, Waikiki Station

MAP: P.155 ／ワイキキ
2425 Kalakaua Ave., Honolulu
TEL 808-723-8562

スーツケース、大型のバッグ、ブーツなどを購入した場合、デリバリー可能かどうか聞いてみるといいと思います。

体調不良やケガをした時、日本語が通じるクリニック

　ハワイで風邪をひき高熱を出してしまい、お医者様のお世話になったことがあります。その時、クリニックの先生から伺った「旅行者の三大病状」が、風邪、胃腸炎、日焼けによるサンバーンとのことでした。12〜3月のハワイは肌寒い日があり、時差ボケや寝不足も重なって風邪をひく人は少なくないのだそう。インフルエンザも多く、機内で感染したのか滞在中や帰国直後に発症するという話もよく聞きます。ワクチン接種は日本出発の2週間以上前までに受けておくと、予防効果をより期待できるそうです。常備薬がある人は持参するのを忘れずに。

　日本語で診察してもらえるクリニックの場所を覚えておくと、いざという時に安心です。『シェラトン・ワイキキ』内にある**『ドクターズ・オン・コール』**は予約不要のクリニック。診察、薬の処方、軽い怪我の治療の他、血液検査やレントゲン検査まで対応。治療には海外旅行傷害保険が適応され、重症の場合は専門医の紹介や他病院への搬送手配もしてくれます。

在ホノルル日本国領事館
Consulate General of Japan in Honolulu

MAP: P.152 ／ダウンタウン
1742 Nuuanu Ave., Honolulu
TEL 808-543-3111
8:00 〜 12:00、13:00 〜 16:00
土・日曜休
www.honolulu.us.emb-japan.go.jp/
itprtop_ja/index.html

ドクターズ・オン・コール
Doctors on Call

MAP.P155 ／ワイキキ
2255 Kalakaua Ave., Honolulu
（シェラトン・ワイキキ1F）
TEL 808-971-6000
7:00 〜 23:00　無休
www.hawaiipacifichealth.org/straub/
patient-visitors/doctors-on-call-
japanese

片道7時間半の
フライトを楽しむために
エアラインと座席選びの
ポイント

機内で過ごすひとり時間も旅の一部。少しでも快適なものに
したいですよね。日本からホノルルまでの飛行時間は7時間半。
実際には行きより帰りの方が時間がかかります。季節によって
も変わり、偏西風の影響を受けやすい冬場は往路が5時間半く
らいなのに対し、復路は9時間以上かかることも。往復約15時
間を過ごす座席選びはとても重要です。ウェブチェックインで
座席指定が可能なら、なるべく早く希望の席を確保したいもの。
チェックイン開始時刻は航空会社とチケットの種類により異な
るので、事前にきちんと調べておきましょう。

　私の場合、フライト時間が3時間半までなら外が見える窓側、
それ以上かかるハワイ便ではトイレに立ちやすい通路側を選ぶ
ことが多いです。窓側列と中央のブロックでは後者を。並びが
カップルや友人同士なら、同行者の側から出入りすることが多
く、気を遣う回数が少なくて済むからです。もし窓側席がお好
みなら、おすすめは左側。ホノルル着陸前にはオアフ島西海岸、
コ・オリナの海岸線が、離陸後の上空からはダイヤモンドヘッ
ドの雄姿を眺められます。

　正規割引航空運賃の場合、往復の発着空港や座席の種類を異
なる組み合わせにすることができます。例えば、仕事が終わっ
てから空港に直行するなら、行きは会社から近い羽田発、帰り
は成田着というように。また片道のみプレミアムエコノミーや
ビジネスクラスという組み合わせも可能。行きはエコノミーク
ラス、帰りはプレエコやビジネスにアップグレードして、旅の
余韻に浸りながら帰国するのもいいですね。

一年中、混雑するハワイの
ベストシーズンはいつ？

旅費の割安感や
目的によって選ぶ

同行者を気にすることなく、自分の都合だけで旅の日程を決められるひとり旅。できることなら航空運賃やホテル代が安い時期を選びたいと思う人も多いでしょう。年末年始、ゴールデンウィーク、お盆シーズンが割高なのは言うまでもありません。航空運賃が比較的安くなるのは、1月の「成人の日」前後の連休明けから春休み前、春休み終了後からゴールデンウィーク直前、ゴールデンウィーク終了後から7月第1週、10月中旬〜11月あたりです。9〜10月上旬は連休が多いこともあり、夏休みに継ぐ混雑ぶり。また、1月中旬から2月は航空運賃が安くても、ホテル代が高いことがあります。これは、アメリカ本土から避寒目的で訪れる人が多いため。シニア層のロングステイが多く、例えば『ブレーカーズホテル』（P.65）はこの時期が最も部屋が取りにくいそうです。イースター、独立記念日、サンクスギビングなどアメリカやハワイの祝日が絡む週末のホテルも混雑し、普段の週末より料金は高めです。

　常夏のイメージのハワイにも四季があり、12〜3月は日本と同様に冬。雨が降り肌寒い日が多いのです。この時期に行くなら、上着や長袖を持っていくことをおすすめします。世界的な異常気象の影響はハワイも例外ではなく天候が読みにくいことが多くなっていますが、すべての季節に訪れてみて、天候が安定して一番気持ちいいのは4〜6月上旬。フラが好きな人は5月の「メリーモナーク」、ランナーなら12月第2日曜日の「ホノルルマラソン」な、どイベントを目的に訪れる人もあるでしょう。カレンダーを眺め、プランニングの参考にしてください。

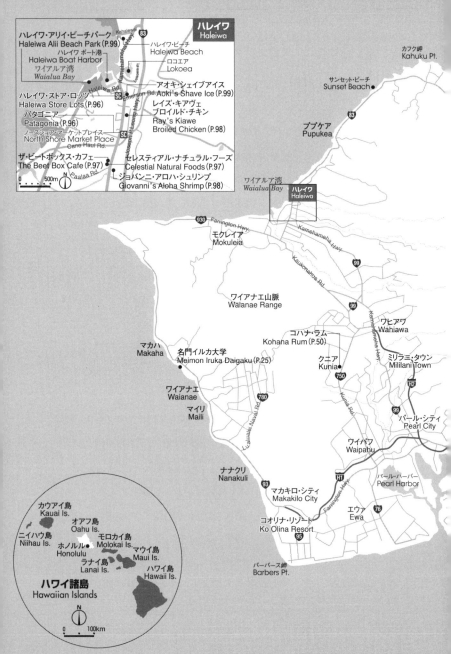

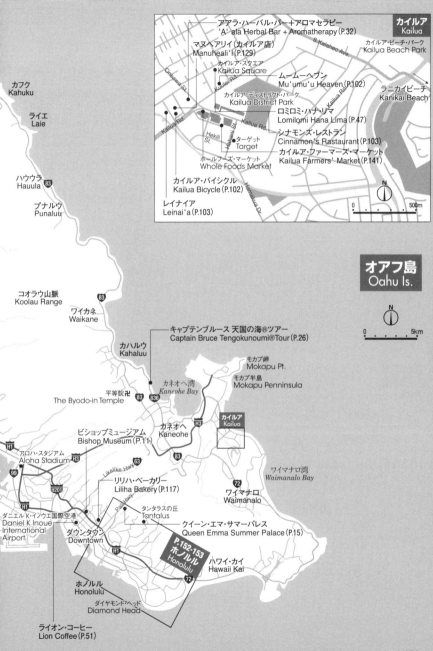

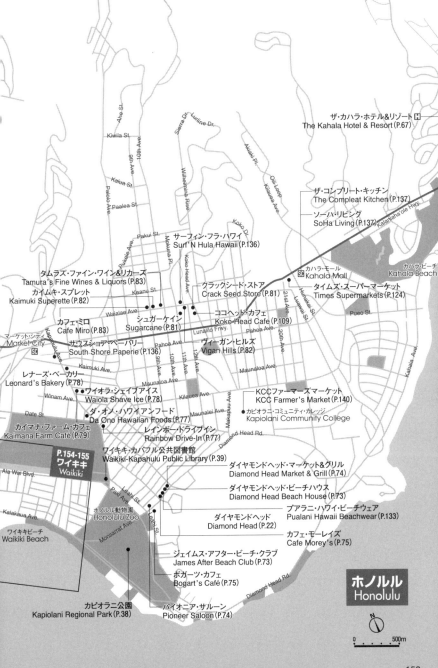

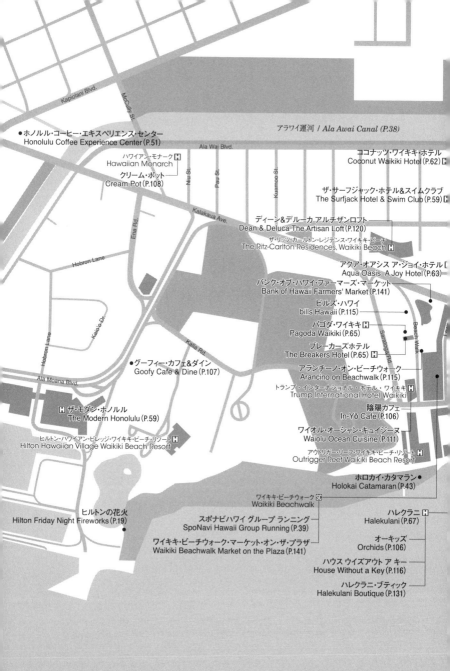

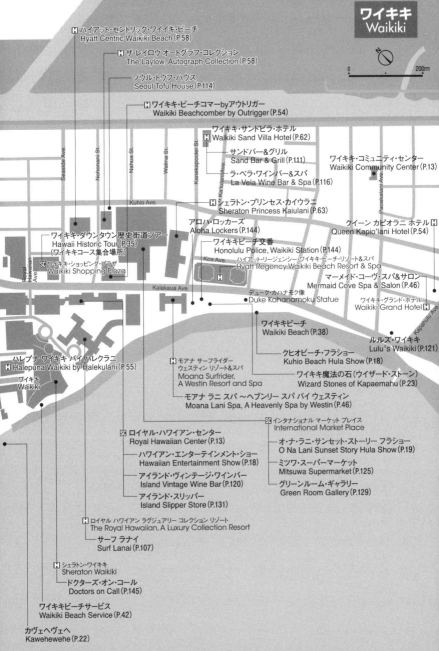

Index

A…見る・体験する　S…買う　D…食べる　H…泊まる　O…お役立ち

ア

D　アーヴォ・カフェ　Arvo Cafe……88

A　アアラ・ハーバル・バー＋アロマセラピー
'A'ala Herbal Bar+
Aromatherapy……32

D　アイランド・ヴィンテージ・ワインバー
Island Vintage Wine Bar……120

S　アイランド・スリッパー
Island Slipper Store……131

D　アオキ・シェイブアイス
Aoki's Shave Ice……99

H　アクア・オアシス ア・ジョイ・ホテル
Aqua Oasis A Joy Hotel……63

A　アラワイ運河
Ala Awai Canal……38

D　アランチーノ・オン・ビーチウォーク
Arancino on Beachwalk……115

O　アロハ・ロッカーズ
Aloha Lockers……144

O　アロハプログラム
Aloha Program……35

A　アンズ・ハワイアンキルト・スタジオ
Anne's Hawaiian Quilt Studio……15

A　イオラニ宮殿　Iolani Palace……11

D　陰陽カフェ　In-Yō Cafe……106

O　ウーバー　Uber……69

D　ヴィーガン・ヒルズ　Vigan Hills……82

D　オーキッズ　Orchids……106

A　オ・ナ・ラニ・サンセット・ストーリー
フラショー
O Na Lani Sunset Story
Hula Show……19

カ

D　カイマナ・ファーム・カフェ
Kaimana Farm Café……79

D　カイムキ・スプレット
Kaimuki Superette……82

O　カイルア・バイシクル
Kailua Bicycle……102

S　カイルア・ファーマーズマーケット
Kailua Farmers' Market……141

A　カヴェヘヴェヘ　Kawehewehe……22

S　カカアコ・ファーマーズマーケット
Kakaako Farmers' Market……140

A　カパリリ・ハワイ
Kapalili Hawaii……42

A　カピオラニ公園
Kapiolani Regional Park……38

D　カフェ・ミロ　Cafe Miro……83

D　カフェ・モーレイズ　Cafe Morey's……75

A　カマカ・ウクレレ
Kamaka Ukulele……50

A　キャプテンブルース 天国の海®ツアー
Captain Bruce Tengokunoumi®Tour…26

D　グーフィー・カフェ＆ダイン
Goofy Cafe & Dine……107

A　クイーン・エマ・サマーパレス
Queen Emma Summer Palace……15

H　クイーン カピオラニ ホテル
Queen Kapio'lani Hotel……54

A　クヒオビーチ・フラショー
Kuhio Beach Hula Show……18

S　クラックシード・ストア
Crack Seed Store……81

D　クリーム・ポット　Cream Pot……108

S グリーンルーム・ギャラリー
Green Room Gallery……129

A グローバルビレッジ・
イングリッシュ・センター
Global Village English Centres……33

S KCCファーマーズマーケット
KCC Farmer's Market……140

S ケアロピコ　Kealopiko……128

H ココナッツ・ワイキキ・ホテル
Coconut Waikiki Hotel……62

D ココヘッド・カフェ
Koko Head Cafe……109

A コハナ・ラム　Kohana Rum……50

サ

H ザ・カハラ・ホテル＆リゾート
The Kahala Hotel & Resort……67

S ザ・コンプリート・キッチン
The Compleat Kitchen……137

H ザ・サーフジャック・ホテル＆スイムクラブ
The Surfjack Hotel & Swim Club…59

D ザ・ヌック ネイバーフッド・ビストロ
The Nook Neighborhood Bistro…108

O ザ・バス　The Bus……70

D ザ・ビートボックス・カフェ
The Beet Box Cafe……97

A ザ・ペギー・ホッパー・ギャラリー
The Pegge Hopper Gallery……93

H ザ・モダン・ホノルル
The Modern Honolulu……59

H ザ・レイロウ オートグラフ・コレクション
The Laylow, Autograph Collection……58

D サーフ ラナイ　Surf Lanai……107

S サーフィン・フラ・ハワイ
Surf'N Hula Hawaii……136

O 在ホノルル日本国総領事館
Consulate General of Japan
in Honolulu……145

S サウスショア・ペーパリー
South Shore Paperie……136

D サンドバー＆グリル
Sand Bar & Grill……111

S ジェイムス・アフター・ビーチ・クラブ
James After Beach Club……73

H シェラトン・プリンセス・カイウラニ
Sheraton Princess Kaiulani……63

D シナモンズ・レストラン
Cinnamon's Rastaurant……103

S ジャナ・ラム・スタジオ＋ショップ
Jana Lam Studio+Shop……89

A シャングリ・ラ
Shangri La Museum of Islamic
Art, Culture & Design……8

S シュガーケイン　Sugarcane……81

D ジョバンニ・アロハ・シュリンプ
Giovanni's Aloha Shrimp……98

A スターオブホノルル
Star of Honolulu……26

O スピーディシャトル
SpeediShuttle……69

A スポナビハワイ グループ ランニング
SpoNavi Hawaii Group Running……39

S セドナ　Sedona……86

S セレスティアル・ナチュラル・フーズ
Celestial Natural Foods……97

S ソーハ・リビング
SoHa Living……137

D ソウル・トウフ・ハウス
Seoul Tofu House……114

タ

D ダ・オノ・ハワイアンフード
Da Ono Hawaiian Foods……77

S タイムズ・スーパーマーケット
Times Supermarkets……124

A ダイヤモンドヘッド
Diamond Head……22

S ダイヤモンドヘッド・ビーチハウス
Diamond Head Beach House……73

D ダイヤモンドヘッド・マーケット＆グリル
Diamond Head Market & Grill……74

S ダウン・トゥ・アース
Down to Earth……32

157

S	タムラズ・ファイン・ワイン＆リカーズ Tamura's Fine Wines & Liquors…83	
D	ディーン＆デルーカ アルチザンロフト Dean & Deluca The Artisan Loft…120	
O	ドクターズ・オン・コール Doctors on Call……145	

ハ

H	ハイアット・セントリック・ワイイキ・ビーチ Hyatt Centric Waikiki Beach……58	
D	パイオニア・サルーン Pioneer Saloon…74	
D	ハウス ウイズアウト ア キー House Without a Key……116	
S	パタゴニア　Patagonia……96	
H	パゴダ・ワイキキ Pagoda Waikiki……65	
D	ハビタント　Habitant……121	
A	ハレイワ・アリイ・ビーチパーク Haleiwa Alii Beach Park……99	
S	ハレイワ・ストア・ロッツ Haleiwa Store Lots……96	
H	ハレクラニ　Halekulani……67	
S	ハレクラニ・ブティック Halekulani Boutique……131	
H	ハレプナ ワイキキ バイ ハレクラニ Halepuna Waikiki by Halekulani……55	
A	ハワイシアター Hawaii Theatre……92	
A	ハワイアン・エンターテインメント・ショー Hawaiian Entertainment Show……18	
A	ハワイ出雲大社（出雲大社ハワイ分院） Izumo Taishakyo Mission of Hawaii…23	
A	ハワイ州庁舎 Hawaii State Capitol Building……92	
A	ハワイ州立美術館 Hawaii State Art Museum（HiSAM）…9	
A	ハワイ大学マノア校 The University of Hawaii at Manoa Campus……29	

S	バンク・オブ・ハワイ・ ファーマーズ・マーケット Bank of Hawaii Farmers' Market…141	
S	ピープルズ・オープン・マーケット People's Open Market……141	
O	ビキ　biki……71	
D	ピギー・スモールズ　Piggy Smalls…114	
A	ビショップミュージアム Bishop Museum……11	
D	ビルズ・ハワイ　bills Hawaii……115	
A	ヒルトンの花火 Hilton Friday Night Fireworks……19	
A	ファーストフライデー・ホノルル First Friday Honolulu……93	
S	プアラニ・ハワイ・ビーチウェア Pualani Hawaii Beachwear……133	
S	フィッシュケイク　Fishcake……88	
S	フォート・ストリート・モール・ オープン・マーケット Fort Street Mall Open Market……141	
S	フードランドファームズ アラモアナ Foodland Farms Ala Moana……125	
D	ブッチャー＆バード Butcher & Bird……87	
H	ブレーカーズホテル The Breakers Hotel……65	
S	ホールフーズ・マーケット クイーン Whole Foods Market Queen……124	
D	ボガーツ・カフェ　Bogart's Café……75	
A	ボディ・マッサージ・ハワイ Body Massage Hawaii……47	
A	ホノルル・コーヒー・ エキスペリエンス・センター Honolulu Coffee Experience Center…51	
A	ホノルルシティライツ Honolulu Ciry Lights……93	
D	ホノルル・ビアワークス Honolulu Beerworks……89	
A	ホノルル美術館 The Honolulu Museum of Art……8	

A ホノルル美術館 スポルディング・ハウス
The Honolulu Museum of Art
Spalding House……9

S ホノルル・ファーマーズマーケット
Honolulu Farmers' Market……141

A ホロカイ・カタマラン
Holokai Catamaran……43

マ

A マーメイド・コーヴ・スパ＆サロン
Mermaid Cove Spa & Salon……46

S マナオラ・ハワイ
Manaola Hawaii……128

S マヌヘアリイ（カイルア店）
Manuheali'i……129

S マノア・ファーマーズマーケット
Manoa Farmers' Market……141

S ミツワ・スーパーマーケット
Mitsuwa Supermarket……125

S ムームーヘブン
Mu'umu'u Heaven……102

A 名門イルカ大学
Meimon Iruka Daigaku……25

A モアナ ラニ スパ 〜ヘブンリー スパ
バイ ウェスティン
Moana Lani Spa, A Heavenly Spa
by Westin……46

S モリ・バイ・アート＋フリー
Mori by Art + Flea……86

ラ

D ラ・ベラ・ワインバー＆スパ
La Vela Wine Bar & Spa……116

A ライオン・コーヒー　Lion Coffee……51

D リリハ・ベーカリー
Liliha Bakery……117

D ルルズ・ワイキキ　Lulu's Waikiki …121

O レアレアトロリー
Lea Lea Trolley……71

D レイズ・キアヴェ・ブロイルド・チキン
Ray's Kiawe Broiled Chicken……98

S レイナイア　Leinai'a……103

D レインボー・ドライブイン
Rainbow Drive-In……77

D レナーズ・ベーカリー
Leonard's Bakery……78

A ロイヤル・ハワイアン・センター
Royal Hawaiian Center……13

A ロミロミ・ハナ・リマ
Lomilomi Hana Lima……47

ワ

D ワイオラ・シェイブアイス
Waiola Shave Ice……78

D ワイオリ・キッチン＆ベイクショップ
Waioli Kitchen & Bake Shop……109

D ワイオル・オーシャン・キュイジーヌ
Waiolu Ocean Cuisine……111

A ワイキキ・カパフル公共図書館
Waikiki-Kapahulu Public Library…39

A ワイキキ・コミュニティ・センター
Waikiki Community Center……13

H ワイキキ・サンドビラ・ホテル
Waikiki Sand Villa Hotel……62

A ワイキキ・ダウンタウン歴史街道ツアー
Hawaii Historic Tour……35

S ワイキキ・ビーチウォーク・マーケット・
オン・ザ・プラザ
Waikiki Beachwalk Market
on the Plaza……141

H ワイキキ・ビーチコマー by アウトリガー
Waikiki Beachcomber
by Outrigger……54

O ワイキキトロリー　Waikiki Trolley…70

A ワイキキビーチ　Waikiki Beach…38

O ワイキキビーチ交番
Honolulu Police,
Waikiki Station……144

A ワイキキビーチサービス
Waikiki Beach Service……42

A ワイキキ魔法の石
（ウイザード・ストーン）
Wizard Stones of Kapaemahu…23

永田さち子 〔Sachiko Nagata〕

ライター・編集者。
国内外の旅、食、ライフスタイルをテーマに雑誌やWEB
記事を中心に寄稿。ハワイ渡航歴70回以上。趣味は、
旅先でのゆるラン＆猫ストーキング。著書に、『おひとり
ハワイの遊び方』、ホノルル在住のフォトグラファー宮澤
拓との共著『ハワイのいいものほしいもの』、『ハワイを歩
いて楽しむ本』（いずれも実業之日本社）、『ちょっとツ
ウなオアフ島＆ハワイ島案内』（マイナビ）ほか。世界の
旅情報サイト『Risvel（リスヴェル）』（www.risvel.
com）にトラベルコラム『よくばりな旅人』を連載中。

50歳からのハワイひとり時間

2019年11月13日　第一刷発行

著 者　永田さち子

イラスト　長野ともこ
地図　山本祥子（産業編集センター）
協力　マイコ・アイゾン
ブックデザイン　清水佳子（smz'）　高 八重子
編集　福永恵子（産業編集センター）

発 行　株式会社産業編集センター
　　　　〒112-0011 東京都文京区千石4-39-17
　　　　TEL 03-5395-6133
　　　　FAX 03-5395-5320

印刷・製本　株式会社シナノパブリッシングプレス

Ⓒ 2019 Sachiko Nagata　　Printed in Japan
ISBN978-4-86311-248-3 C0026

本書掲載の文章・イラスト・図・地図を無断で転記することを
禁じます。乱丁・落丁本はお取り替えいたします。